バランス献立シリーズ ················· 5

改訂新版
塩分1日6gの和風献立

献立・料理●小川聖子

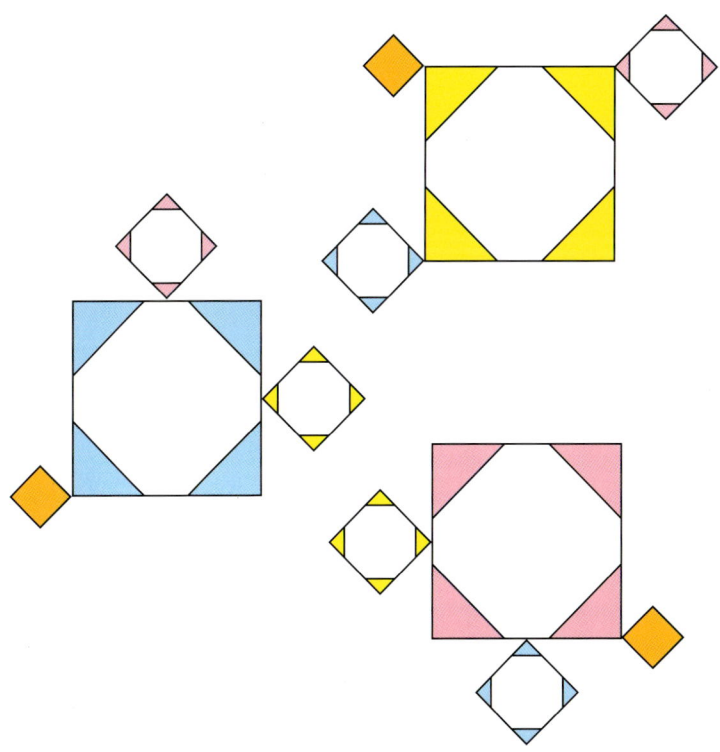

この本を利用するために

なぜ塩分1日6gなのか

近年の日本人の1日あたりの塩分摂取量は11～12g。健康な日本人の塩分摂取量の目標は女性は8g未満、男性は10g未満です。高血圧、心臓病、腎臓病などの治療と予防のためには、それ以下の塩分制限に重点が置かれます。

塩分制限とは、ナトリウムの摂取量を制限することです。ナトリウムは食塩等の調味料だけでなく、食品中にも含まれるので、食品中のナトリウムも考えなければいけません。

人間のからだに必要なナトリウム量は、1日500mg(食塩相当量1.3g)以下といわれています。毎日とる食品に含まれるナトリウム量だけで足りてしまう量ですが、塩分を制限しながら食事をおいしくするには、最低塩分として6gは必要。食品からとる塩分が1～2gなので、調味料で使う塩分は4～5gになります。

こんなかたにおすすめします

医師や栄養士から1日6gの塩分摂取量を指示されているかたにはもちろん、塩分を控えるようにと指示を受けたかたにもおすすめします。健康なかたでも塩分を控えたいというかたはぜひどうぞ。エネルギーは1日1600kcalなので、健康を維持するためには望ましい献立です。

食事の基本は栄養のバランス

食事療法に共通する基本は栄養のバランスをとることでからだに必要な栄養素をとりながら(食事摂取基準の表を参考)、塩分制限をします。簡単に栄養のバランスをとるには、食品を栄養素の特徴で4群に分けた「4つの食品群」からまんべんなく食品をとることです。

1600kcalは年齢、性別に関係なく、基本となるエネルギー量です。男性や活動量が多いかたはこれより多めに、

●食事摂取基準　例：20歳代女性

たんぱく質	50g／日	※1
脂肪エネルギー比率	20％以上30％未満	※2
カルシウム	700mg／日	※3
鉄	10.5mg／日	※4
ビタミンA(レチノール当量)	600μgRE／日	※1
ビタミンB_1	1.1mg／日	※1
ビタミンB_2	1.2mg／日	※1
ビタミンC	100mg／日	※1

食塩は、女性は10g／日未満を達成できる人が多くなってきたので8g／日未満、男性は10g／日未満が目標量とされた。
※1 推奨量
※2 目標量
※3 目安量
※4 推奨量(月経あり)
※5 脂肪エネルギー比率はエネルギー摂取量に占める割合。
　　1600kcalの場合、320～480kcal(35.6～53.3g)

「日本人の食事摂取基準(2005年版)」(厚生労働省)より

年齢の高いかたは少なめにと、調整します。

1日の献立で考えるときに、塩分の低い献立と組み合わせればよいのです。

無塩の食品、減塩、低塩の調味料など多く市販されていますが、本書ではそれらを使わず、一般の台所にある調味料だけで料理を作りました。もちろん、それらの特殊な食品を利用してもかまいませんが、安心して使いすぎないように。

献立の立て方のポイント

1食あたりのエネルギーは400〜500kcal、塩分2gが目安。

塩分のないご飯には、味のついたおかずがいります。ご飯がたくさん食べるためのおかずもたくさん食べることになり、塩分もエネルギー量も高くなります。一回の食事でのご飯の適量は110〜140g。献立の料理のボリュームに合わせて加減します。

塩分の高い汁物は1日1回にします。汁を飲むというよりは、具の量を増やし、具を食べるようにします。

献立の中では一皿に塩分を集中して使うのが効果的です。濃いめの味の料理と、うすめの味の料理をバランスよく組み合わせて献立を立てます。料理の組み合わせ方によっては、塩分の高い献立ができます。

特殊な食品を使わなくても、くふうしだいで3食ともおいしく食べられます。

まず1日献立例の実践から

朝食、昼食、夕食の45献立とデザートや果物、不足しがちな牛乳を、塩分約6g、エネルギー1600kcal前後、食事摂取基準を考慮して組み合わせたのが、6〜8ページの「1日献立の組み合わせ例」です。

まずは献立例に従って実践し、食品の選び方、塩分のとり方、うす味に慣れましょう。

●「4つの食品群」について

♠ 第1群
乳・乳製品、卵

栄養を完全にする重要な食品群。

♥ 第2群
肉類、魚介、豆・豆製品

からだや筋肉、血液をつくる食品群。

♣ 第3群
野菜、芋、果物、海藻、きのこ

からだの働きを円滑にする食品群。

♦ 第4群
穀物、砂糖、油脂

力や体温となるエネルギー源の食品群。

《バランス献立シリーズ》

改訂新版

塩分1日6gの和風献立

―――― 目 次 ――――

朝食、昼食、夕食それぞれ15献立に、①～⑮の番号をふり、献立のエネルギー（kcal）、塩分（g）量を表示しました。6～8ページの「1日献立の組み合わせ例」では献立を番号で表記してあります。わかりやすいように朝食を赤色、昼食を黄色、夕食を青色に色分けしました。

朝 食

① 温泉卵献立 …………………… 14
　498kcal　塩分 1.8g
② 卵のココット献立 …………… 16
　494kcal　塩分 1.3g
③ 半月卵の甘酢あんかけ献立 … 18
　474kcal　塩分 1.9g
④ 和風オムレツ献立 …………… 20
　520kcal　塩分 2.1g
⑤ 生揚げの焼き物献立 ………… 22
　471kcal　塩分 1.9g
⑥ 納豆のレタス包み献立 ……… 24
　525kcal　塩分 1.9g
⑦ 豆腐のくず煮献立 …………… 26
　465kcal　塩分 1.5g
⑧ 豆腐ステーキ献立 …………… 28
　493kcal　塩分 1.4g
⑨ 白身魚の梅蒸し献立 ………… 32
　480kcal　塩分 1.8g
⑩ シーフードミックスサラダ献立 … 34
　468kcal　塩分 2.1g
⑪ ツナとかぶの煮浸し献立 …… 36
　423kcal　塩分 1.3g
⑫ なすとひき肉のみそいため献立 … 38
　526kcal　塩分 2.0g
⑬ 鶏肉のホイル焼き献立 ……… 40
　507kcal　塩分 2.1g
⑭ タイ風おかゆ献立 …………… 42
　484kcal　塩分 1.7g
⑮ 親子どん献立 ………………… 44
　497kcal　塩分 2.2g

この本を利用するために …………… 2
朝昼夕の基本献立一覧 ……………… 4
　1日献立の組み合わせ例
　　朝食メーンのパターン ………… 6
　　昼食メーンのパターン ………… 7
　　夕食メーンのパターン ………… 8
応用献立を活用するために ………… 9
減塩料理を作るためのポイント
　だしをじょうずにとる ………… 10
　調味料を正しく計る …………… 12
栄養成分値つき料理一覧 ………… 124

応用献立を作るための
一品料理のバリエーション

朝食向きの簡単主菜 ……………… 30
酸味を利用した減塩副菜 ………… 46
お弁当に合う主菜 ………………… 66
素材の風味を生かした減塩副菜 … 82
夕食向きのあっさり主菜 ……… 100
ヘルシーデザート ……………… 120
40kcalの果物ガイド …………… 123

●昆布だし

●材料
昆布‥‥‥‥‥‥‥‥‥‥20g
水‥‥‥‥‥‥‥‥‥‥3½ｶｯ

●作り方
一番だしの作り方①と同様に作り、昆布をとり出す。
●昆布だしの塩分0.2%

●煮干しだし

●材料
煮干し‥‥‥‥‥‥‥‥‥10g
水‥‥‥‥‥‥‥‥‥‥3½ｶｯ

●作り方
❶煮干しは頭と腹わたを除いて縦に2つに裂く。
❷なべに煮干しと水を入れて強火にかける。沸騰したら弱火にし、アクを除いて弱火で6〜7分煮（E）、こし器でこす。
★煮干しをフードプロセッサーなどで粉末状にし（F）、水に溶かして使えます。水3ｶｯに煮干し粉小さじ2（6g）の割合で。
●煮干しの塩分4.3%
●煮干しだしの塩分0.1%

市販のだし・スープのもとの塩分

湯に溶かすだけのだしのもとは手軽で便利ですが、塩分が添加されています。もし使う場合にはだしのもとの塩分を控えて調味料を加える必要があります。製品によって塩分は変わります。

種類	塩分(%)	小さじ1、1個あたりの塩分
A カツオ風味	41.4	小さじ1（3g）→1.2g
B カツオ風味	37.1	小さじ1（3g）→1.1g
C 固形ブイヨン	57.2	1個（4g）→2.3g
D 顆粒ブイヨン	44.4	小さじ1（2.7g）→1.2g
E 中華スープのもと	53.3	小さじ1（2.5g）→1.3g

製品ラベルより算出

塩分が添加されていないもの、微塩のだしのもともあります。

A だしてんねん
　塩分2.7% ＊
B 無添加本かつおだし
　塩分5.1%
　無添加いりこだし
　塩分5.3%
　無添加こんぶだし
　塩分4.8%

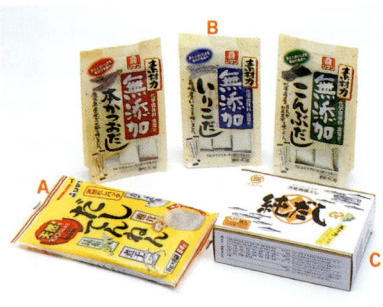

C 純だしいりこベース（微塩）
　ティーバッグ方式
　塩分6.4% ＊
　＊煮出す前の塩分

問い合わせ先
A ㈱シマヤ
　お客様サービス室
　☎0120-480477
B 理研ビタミン㈱
　お客様相談センター
　TEL03-5275-5120
C 丸三食品㈱
　☎0120-0303-81

調味料を正しく計る

減塩料理を作るためのポイント②

材料表どおりに調味料を準備するには、計量スプーンを使って正確に計量することが必要です。

計り方によっては塩分の量が変わってしまいます。塩分0.1g、0.2gといった誤差でも1日あたりになるとたいへんな違いになることがあります。

0.1g単位で塩分摂取、調整するためには正確に計らなければいけません。計る習慣を身につけ、計量スプーンで計量するのに慣れましょう。

スプーンは何本かずつ用意してあると、料理を作るときに調味料ごとに使えて便利です。

●デジタルスケール
1gから1kgまで計れるポケットサイズのスケール。

●計量カップ・スプーン
ミニスプーンは塩1gまで計ることができるので、ぜひそろえましょう。

計量カップ200ml
大さじ15ml
小さじ5ml
ミニスプーン1ml
すりきりへら

＊計量カップ・スプーン、デジタルスケールは女子栄養大学代理部（☎03-3949-9371）で取り扱っています。

調味料を計る

●粉末の場合
❶スプーン1杯を計る（A）
空間ができないように軽くこんもりとすくい、へらの柄の部分で水平にすり切る。ギュッと詰めすぎない。
❷½杯、¼杯を計る（B）
まず1杯を計り、へらの曲線部分（大さじなら長い、小さじなら短いほうのカーブ）を中央に直角に底に当て、半量をスプーンのカーブに合わせて払う。¼杯の場合はさらにへらでその半量を払う。
❸⅓杯、⅔杯を計る（C）
1杯を計り、3等分の目安をつけ、必要な分を残してへらをスプーンのカーブに合わせて払う。
❹ミニスプーン1、½まで計る（E）
ミニスプーン1杯で1gの塩が計れます。½杯はへらの柄の部分などを利用して半量払います。½杯（0.5g）までが正確に計る限界です。

●液体を計る
1杯を計る（D）
横から見て、表面張力で液体が盛り上がる状態まで入れる。½杯、⅓杯、⅔杯を計る場合、目分量で、深さを等分した線より少し多めに入れるぐらいが適量です。

●調味料の塩分

日常的に使う調味料の塩分を知っておくと、料理を作るときに役に立ちます。

調味料	塩分(%)	大さじ1		小さじ1	
		g	塩分(g)	g	塩分(g)
塩（精製塩）	99.1	18	17.8	6	5.9
しょうゆ	14.5	18	2.6	6	0.9
うす口しょうゆ	16.0	18	2.9	6	1.0
淡色辛みそ	12.4	18	2.2	6	0.7
白みそ	6.1	18	1.1	6	0.4
赤色辛みそ	13.0	18	2.3	6	0.8
トマトケチャップ	3.3	15	0.5	5	0.2
ウスターソース	8.4	18	1.5	6	0.5
マヨネーズ（卵黄型）	2.3	12	0.3	4	0.1

●「塩」いろいろ

塩味を残して塩分をカットした塩もあります。普通の塩と同じ量を使うだけで、塩分の量を減らすことができます。

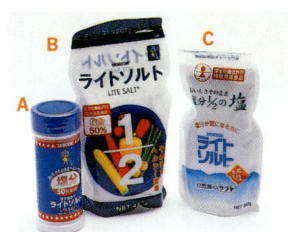

Ａ Ｂ Ｃ　ライトソルト

問い合わせ先
Ａ Ｂ　㈱野村事務所
　　　 0120-68-4040
Ｃ　　 サラヤ㈱
　　　 0120-40-3636

●「減塩調味料」いろいろ

和食に欠かせないしょうゆやみそ。普通のものより添加する食塩をカットした減塩のものもあります。減塩しょうゆはあえ物や、刺し身のつけじょうゆなどに最適です。煮物には材料表どおりに加えるのが肝心。塩分が少ないからと倍量入れたら変わりません。じょうずに利用すれば減塩の効果がアップします。

減塩しょうゆ本膳　塩分　8.5%
かけ醤油　塩分8.2%
減塩しょうゆ　塩分8.4%
丸大豆減塩しょうゆ　塩分8.16%
ジャネフ減塩みそ　塩分5.7%

問い合わせ先
ヒゲタ醤油㈱　お客様相談室　0120-144-164
チョーコー醤油㈱　お客様サービスセンター　0120-040-500
丸島醤油㈱　お客様相談室　TEL0879-82-2101
キッコーマン㈱　お客様相談センター　0120-120358
キユーピー㈱　お客様相談室　0120-141122

1 温泉卵献立

Ⓐ温泉卵Ⓑにんじんとさやえんどうのいため物Ⓒミルク入りみそ汁Ⓓご飯

498 kcal　塩分 1.8g

■材料（2人分）

Ⓐ温泉卵
- 温泉卵（既製品）……2個（100g）
- 貝割れ菜……………………40g
- ┌ だし………………………大さじ1
- │ しょうゆ…………………小さじ2/3
- └ みりん……………………小さじ1
- もみのり……………………少量

Ⓑにんじんとさやえんどうのいため物
- にんじん………1本（120g）
- さやえんどう………………60g
- サラダ油…………………小さじ2
- 塩…………………………2/3
- こしょう……………………少量

Ⓒミルク入りみそ汁
- キャベツ…………………140g
- じゃが芋………1個（100g）
- だし………………………140mℓ
- 牛乳………………………1/2カップ
- みそ………………………小さじ2

Ⓓご飯（1人分）………140g

作り方

Ⓐ温泉卵
① 貝割れ菜は長さを半分にする。
② だし、しょうゆ、みりんを合わせる。
③ 器に温泉卵を割り入れ、貝割れ菜を添えて②をかけ、もみのりを散らす。

Ⓑにんじんとさやえんどうのいため物
① にんじんは3～4cm長さの短冊切りにし、さやえんどうは筋を取る。
② フライパンに油を熱し、にんじんをいためて水少量をふり、蒸しいためにする。
③ にんじんがしんなりしたら、さやえんどうを加えてさっといため、塩、こしょうで調味する。

Ⓒミルク入りみそ汁
① じゃが芋は3mm厚さのいちょう切りにし、水でさっと洗う。
② キャベツは3～4cm長さの短冊切りにする。
③ なべにだしとじゃが芋を入れて煮立て、キャベツを加えて弱火にし、ふたをして煮る。
④ 牛乳は電子レンジで30秒加熱して温める。
⑤ ③の材料が柔らかくなったら、温めた牛乳を加え、みそを溶き入れて火を止める。

うま味を利用する①
牛乳

牛乳はこくとうま味があり、わずかの塩分で味つけがきくので、減塩料理に最適。牛乳を使った汁物や煮物は塩分0.5％以下の味つけにします。和風料理にもじょうずに利用を。

（塩分0.1％）

さやえんどうとにんじんは油でいためると、野菜の甘味がいっそう引き立ちます。牛乳にはうま味があるので、汁物に入れるとこくが出て、みそが少なくても塩分を強く感じます。牛乳を和風料理に利用するよい方法です。

■応用献立例の3パターン■　主食＝ご飯140g・235kcal（0.0g）

	主菜	副菜	汁物
Ⅰ 486kcal 2.2g	温泉卵 89kcal（0.5g）	切り干し大根と煮干しの酢いり [47] 153kcal（1.0g）	とろろ昆布のすまし汁 [22] 9kcal（0.7g）
Ⅱ 433kcal 2.0g	温泉卵 89kcal（0.5g）	きゅうりとハムのからしあえ [52] 29kcal（0.7g）	ひき肉入りコーンスープ [108] 80kcal（0.8g）
Ⅲ 536kcal 2.0g	ゆで卵とほうれん草のサラダ [31] 127kcal（0.7g）	にんじんとさやえんどうのいため物 71kcal（0.5g）	ミルク入りみそ汁 103kcal（0.8g）

基本献立45

朝昼夕の基本献立一覧

夕食

1. 牛もも肉のポトフ風献立 …… 86
   576kcal　塩分 2.5g
2. 和風ロールキャベツ献立 …… 88
   555kcal　塩分 1.6g
3. 薄切りゆで豚のにんにくソース献立 …… 90
   535kcal　塩分 1.8g
4. 牛肉のロールソテー献立 …… 92
   589kcal　塩分 2.4g
5. 豚ヒレ肉と野菜の網焼き献立 …… 94
   516kcal　塩分 2.0g
6. 鶏肉と野菜のオーブン焼き献立 …… 96
   560kcal　塩分 1.9g
7. ひき肉と野菜のまとめ焼き献立 …… 98
   553kcal　塩分 1.4g
8. 白身魚のカレーじょうゆ焼き献立 …… 104
   580kcal　塩分 1.9g
9. 魚介のくずゆで献立 …… 106
   586kcal　塩分 1.6g
10. アジのたたき献立 …… 108
    528kcal　塩分 2.0g
11. イカのすり身揚げ献立 …… 110
    571kcal　塩分 2.4g
12. 青梗菜のカニあんかけ献立 …… 112
    510kcal　塩分 2.3g
13. 豆腐入り型焼きハンバーグ献立 …… 114
    583kcal　塩分 2.4g
14. 豆腐とホタテの鉢蒸し献立 …… 116
    555kcal　塩分 1.7g
15. 具だくさんの茶わん蒸し献立 …… 118
    622kcal　塩分 2.2g

昼食

1. ワカサギのから揚げ弁当 …… 50
   465kcal　塩分 1.4g
2. ホタテのごまマヨネーズ焼き弁当 …… 52
   442kcal　塩分 1.1g
3. エビと野菜の和風マリネ弁当 …… 54
   504kcal　塩分 1.8g
4. カジキの香り焼き弁当 …… 56
   466kcal　塩分 1.6g
5. 和風シューマイ弁当 …… 58
   469kcal　塩分 1.6g
6. はんぺん入りつくね焼き弁当 …… 60
   459kcal　塩分 0.5g
7. 蒸し豚の甘酢しょうががらめ弁当 …… 62
   468kcal　塩分 1.9g
8. 牛肉とねぎのピリッと煮弁当 …… 64
   457kcal　塩分 1.4g
9. 梅そうめん献立 …… 68
   403kcal　塩分 2.1g
10. 大根そば献立 …… 70
    364kcal　塩分 2.5g
11. アサリ入り和風スパゲティ献立 …… 72
    390kcal　塩分 2.2g
12. タンタンめん献立 …… 74
    508kcal　塩分 2.1g
13. 焼きうどん献立 …… 76
    403kcal　塩分 2.0g
14. 和風チャーハン献立 …… 78
    474kcal　塩分 2.3g
15. 三色どんぶり献立 …… 80
    438kcal　塩分 2.3g

あ 朝食 メーンのパターン ——1日献立の組み合わせ例——

朝食、昼食、夕食の各15献立（○の中の数字は献立の番号、下の数字は掲載㌻）と120〜122㌻に掲載したデザート（1〜7）と123㌻の果物（8・40kcal塩分0.0g・好みの果物をどうぞ）、牛乳（Ⓜ・200mℓ・141kcal塩分0.2g）を使って、朝食中心に組み合わせました。

朝	昼	夕	間食
① 温泉卵	② 52	① 86	Ⓜ
① 温泉卵	④ 56	⑬ 76	8 Ⓜ
① 温泉卵	⑥ 60	⑥ 96	Ⓜ
① 温泉卵	⑬ 76	⑮ 118	1 Ⓜ
② 卵のココット	④ 56	③ 88	8
② 卵のココット	⑦ 62	⑩ 108	8
② 卵のココット	⑧ 64	⑦ 98	8
② 卵のココット	⑩ 70	⑪ 110	8
③ 半月卵の甘酢あんかけ	② 52	⑭ 116	8
③ 半月卵の甘酢あんかけ	③ 54	⑪ 110	8
③ 半月卵の甘酢あんかけ	⑤ 58	⑬ 114	8
③ 半月卵の甘酢あんかけ	⑭ 78	⑭ 116	8
④ 和風オムレツ	⑤ 58	③ 90	8
④ 和風オムレツ	⑦ 62	④ 92	5
④ 和風オムレツ	⑦ 62	⑫ 112	8
④ 和風オムレツ	⑫ 74	⑮ 118	8
⑤ 生揚げの焼き物	① 50	⑤ 94	Ⓜ
⑤ 生揚げの焼き物	③ 54	③ 90	8
⑤ 生揚げの焼き物	⑪ 72	⑭ 116	8
⑤ 生揚げの焼き物	⑫ 74	⑨ 106	8 Ⓜ
⑥ 納豆のレタス包み	② 52	① 86	Ⓜ
⑥ 納豆のレタス包み	⑥ 60	④ 92	3
⑥ 納豆のレタス包み	⑩ 70	⑨ 106	6
⑥ 納豆のレタス包み	⑪ 72	⑦ 98	8
⑦ 豆腐のくず煮	③ 54	⑦ 98	Ⓜ
⑦ 豆腐のくず煮	④ 56	⑩ 104	8
⑦ 豆腐のくず煮	⑥ 60	① 86	Ⓜ
⑦ 豆腐のくず煮	⑭ 78	⑭ 116	8
⑧ 豆腐ステーキ	⑩ 70	⑪ 110	3
⑧ 豆腐ステーキ	② 52	⑬ 114	Ⓜ
⑧ 豆腐ステーキ	⑧ 64	⑧ 104	8
⑧ 豆腐ステーキ	⑪ 72	⑩ 108	8
⑨ 白身魚の梅蒸し	① 50	⑥ 96	Ⓜ
⑨ 白身魚の梅蒸し	② 52	⑮ 118	Ⓜ
⑨ 白身魚の梅蒸し	③ 54	⑩ 108	Ⓜ
⑨ 白身魚の梅蒸し	⑤ 58	③ 90	Ⓜ
⑩ シーフードミックスサラダ	⑦ 62	⑮ 118	8
⑩ シーフードミックスサラダ	⑫ 74	⑦ 98	8
⑩ シーフードミックスサラダ	⑭ 78	⑪ 110	8
⑩ シーフードミックスサラダ	⑮ 80	⑨ 106	Ⓜ
⑪ ツナとかぶの煮浸し	① 50	⑮ 118	8 Ⓜ
⑪ ツナとかぶの煮浸し	③ 54	② 88	2 Ⓜ
⑪ ツナとかぶの煮浸し	⑥ 60	⑧ 104	Ⓜ
⑪ ツナとかぶの煮浸し	⑫ 74	⑫ 112	Ⓜ
⑫ なすとひき肉のみそいため	④ 56	③ 90	Ⓜ
⑫ なすとひき肉のみそいため	⑤ 58	⑥ 96	Ⓜ
⑫ なすとひき肉のみそいため	⑨ 68	⑨ 106	Ⓜ
⑫ なすとひき肉のみそいため	⑭ 78	③ 90	Ⓜ
⑬ 鶏肉のホイル焼き	① 50	① 86	Ⓜ
⑬ 鶏肉のホイル焼き	① 50	⑪ 110	Ⓜ
⑬ 鶏肉のホイル焼き	② 52	② 88	Ⓜ
⑬ 鶏肉のホイル焼き	⑦ 62	⑩ 108	Ⓜ
⑭ タイ風おかゆ	④ 56	⑧ 104	Ⓜ
⑭ タイ風おかゆ	⑤ 58	⑤ 94	Ⓜ
⑭ タイ風おかゆ	⑨ 68	⑨ 106	Ⓜ
⑭ タイ風おかゆ	⑮ 80	⑭ 116	Ⓜ
⑮ 親子どん	⑥ 86	⑧ 104	Ⓜ
⑮ 親子どん	⑤ 58	⑦ 98	Ⓜ
⑮ 親子どん	⑥ 60	② 88	Ⓜ
⑮ 親子どん	⑬ 76	⑨ 106	Ⓜ

ひ 昼食 メーンのパターン ——1日献立の組み合わせ例——

6ページの組み合わせ例を昼食中心に展開したものです。昼食①〜⑧はお弁当、⑨〜⑮は家で食べる献立です。番号の下は掲載ページ。1〜7はデザート、8は果物（40kcal塩分0.0g、123ページのなかから好みで選んでください）、Ⓜは牛乳200㎖（141kcal・塩分0.2g）です。

⑤22	①ワカサギのから揚げ	⑤94	2 Ⓜ	⑫38	④カジキの香り焼き	③90	8 Ⓜ	⑫38	⑨梅そうめん	⑨106 8 Ⓜ
⑨32	①ワカサギのから揚げ	⑥96	8 Ⓜ	⑭42	④カジキの香り焼き	⑧104	8 Ⓜ	⑭42	⑨梅そうめん	⑨106 8 Ⓜ
⑪36	①ワカサギのから揚げ	⑮118	8 Ⓜ	③18	⑤和風シューマイ	⑬114	8 Ⓜ	②16	⑩大根そば	⑪110 8 Ⓜ
⑬40	①ワカサギのから揚げ	①86	8 Ⓜ	⑤22	⑤和風シューマイ	③90	8 Ⓜ	⑥24	⑩大根そば	⑨106 8 Ⓜ
⑬40	①ワカサギのから揚げ	⑪110	Ⓜ	⑫38	⑤和風シューマイ	③90	8 Ⓜ	⑧28	⑩大根そば	⑪110 8 Ⓜ
⑮44	①ワカサギのから揚げ	⑧104	8 Ⓜ	⑭42	⑤和風シューマイ	⑤94	8 Ⓜ	⑤22	⑪アサリ入り和風スパゲティ	⑭116 1 Ⓜ
①14	②ホタテのごまマヨネーズ焼き	①86	8 Ⓜ	⑮44	⑤和風シューマイ	⑦98	6 Ⓜ	⑥24	⑪アサリ入り和風スパゲティ	⑦98 8 Ⓜ
③18	②ホタテのごまマヨネーズ焼き	⑭116	8 Ⓜ	①14	⑥はんぺん入りつくね焼き	⑥96	Ⓜ	⑧28	⑪アサリ入り和風スパゲティ	⑩108 8 Ⓜ
⑥24	②ホタテのごまマヨネーズ焼き	①86	8 Ⓜ	⑥24	⑥はんぺん入りつくね焼き	④92	3 Ⓜ	④20	⑫タンタンめん	⑮118 6 Ⓜ
⑧28	②ホタテのごまマヨネーズ焼き	⑬114	8 Ⓜ	⑩26	⑥はんぺん入りつくね焼き	①86	8 Ⓜ	⑤22	⑫タンタンめん	⑨106 8 Ⓜ
⑨32	②ホタテのごまマヨネーズ焼き	⑮118	8 Ⓜ	⑪36	⑥はんぺん入りつくね焼き	⑧104	8 Ⓜ	⑩34	⑫タンタンめん	⑦98 8 Ⓜ
⑬40	②ホタテのごまマヨネーズ焼き	②88	8 Ⓜ	⑮44	⑥はんぺん入りつくね焼き	②88	8 Ⓜ	⑪36	⑫タンタンめん	⑫112 3 Ⓜ
③18	③エビと野菜の和風マリネ	⑪110	8 Ⓜ	②16	⑦蒸し豚の甘酢しょうがらめ	⑩108	8 Ⓜ	①14	⑬焼きうどん	⑮118 1 Ⓜ
⑤22	③エビと野菜の和風マリネ	③90	7 Ⓜ	④20	⑦蒸し豚の甘酢しょうがらめ	④92	5 Ⓜ	⑮44	⑬焼きうどん	⑨106 8 Ⓜ
⑦26	③エビと野菜の和風マリネ	⑦98	8 Ⓜ	④20	⑦蒸し豚の甘酢しょうがらめ	⑫112	8 Ⓜ	③18	⑭和風チャーハン	⑭116 8 Ⓜ
⑨32	③エビと野菜の和風マリネ	⑩108	8 Ⓜ	④20	⑦蒸し豚の甘酢しょうがらめ	⑮118	8 Ⓜ	⑦26	⑭和風チャーハン	⑭116 8 Ⓜ
⑪36	③エビと野菜の和風マリネ	②88	8 Ⓜ	⑩26	⑦蒸し豚の甘酢しょうがらめ	⑩108	8 Ⓜ	⑩34	⑭和風チャーハン	⑪110 8 Ⓜ
①14	④カジキの香り焼き	⑬114	8 Ⓜ	⑬40	⑦蒸し豚の甘酢しょうがらめ	⑩108	8 Ⓜ	⑫38	⑭和風チャーハン	③90 8 Ⓜ
②16	④カジキの香り焼き	②88	8 Ⓜ	②16	⑧牛肉のピリッと煮	⑦98	7 Ⓜ	⑩34	⑮三色どんぶり	⑨106 8 Ⓜ
⑦26	④カジキの香り焼き	⑧104	8 Ⓜ	⑧28	⑧牛肉のピリッと煮	⑧104	8 Ⓜ	⑭42	⑮三色どんぶり	⑭116 2 8

ゆ 夕食 メーンのパターン ——1日献立の組み合わせ例——

6㌻の基本献立の組み合わせ例を夕食中心に展開したものです。番号の下は掲載㌻。①～⑦はデザート、⑧は果物（40kcal塩分0.0g、123㌻の中から好みで選んでください）、Ⓜは牛乳200㎖（141kcal・塩分0.2g）です。

①14 ②52 ①牛もも肉のポトフ風 Ⓜ	②16 ⑧64 ⑦ひき肉と野菜のまとめ焼き ⑦	②16 ⑩70 ⑪イカのすり身揚げ ⑧ Ⓜ
⑥24 ②52 ①牛もも肉のポトフ風 Ⓜ	⑥24 ⑪72 ⑦ひき肉と野菜のまとめ焼き ⑧ Ⓜ	③18 ③54 ⑪イカのすり身揚げ ⑧ Ⓜ
⑦26 ⑥60 ①牛もも肉のポトフ風 ⑧	⑦26 ③54 ⑦ひき肉と野菜のまとめ焼き ⑧ Ⓜ	⑧28 ⑩70 ⑪イカのすり身揚げ ③ Ⓜ
⑬40 ①50 ①牛もも肉のポトフ風 ②	⑩34 ⑫74 ⑦ひき肉と野菜のまとめ焼き ⑧ Ⓜ	⑩34 ⑭78 ⑪イカのすり身揚げ Ⓜ
②16 ④56 ②和風ロールキャベツ ⑧ Ⓜ	⑮44 ⑤58 ⑦ひき肉と野菜のまとめ焼き ⑥ Ⓜ	⑬40 ①50 ⑪イカのすり身揚げ Ⓜ
⑪36 ③54 ②和風ロールキャベツ ② Ⓜ	⑦26 ⑤58 ⑧白身魚のカレーじょうゆ焼き ⑧ Ⓜ	④20 ⑦62 ⑫青梗菜のカニあんかけ ⑧ Ⓜ
⑬40 ②52 ②和風ロールキャベツ ⑥ Ⓜ	⑧28 ⑧64 ⑧白身魚のカレーじょうゆ焼き ⑧ Ⓜ	⑪36 ⑫74 ⑫青梗菜のカニあんかけ ③ Ⓜ
⑮44 ⑥60 ②和風ロールキャベツ ⑧ Ⓜ	⑪36 ⑥60 ⑧白身魚のカレーじょうゆ焼き ⑧ Ⓜ	①14 ④56 ⑬豆腐入り型焼きハンバーグ Ⓜ
④20 ⑤58 ③薄切りゆで豚のにんにくソース ⑦ Ⓜ	⑭42 ④56 ⑧白身魚のカレーじょうゆ焼き ⑧ Ⓜ	③18 ⑤58 ⑬豆腐入り型焼きハンバーグ Ⓜ
⑤22 ③54 ③薄切りゆで豚のにんにくソース ⑦ Ⓜ	⑮44 ①86 ⑧白身魚のカレーじょうゆ焼き ⑧ Ⓜ	⑧28 ②52 ⑬豆腐入り型焼きハンバーグ Ⓜ
⑨32 ⑤58 ③薄切りゆで豚のにんにくソース ⑧ Ⓜ	⑤22 ⑫74 ⑨魚介のくずゆで ⑧ Ⓜ	③18 ②52 ⑭豆腐とホタテの鉢蒸し ⑧ Ⓜ
⑫38 ④56 ③薄切りゆで豚のにんにくソース ⑧ Ⓜ	⑥24 ⑩70 ⑨魚介のくずゆで ⑥ Ⓜ	③18 ⑭78 ⑭豆腐とホタテの鉢蒸し ④ Ⓜ
⑫38 ⑭78 ③薄切りゆで豚のにんにくソース ⑧ Ⓜ	⑩34 ⑮80 ⑨魚介のくずゆで ⑦ Ⓜ	⑤22 ⑪72 ⑭豆腐とホタテの鉢蒸し ① Ⓜ
④20 ⑦62 ④牛肉のロールソテー ⑧ Ⓜ	⑫38 ⑨68 ⑨魚介のくずゆで ⑧ Ⓜ	⑦26 ⑭78 ⑭豆腐とホタテの鉢蒸し ⑧ Ⓜ
⑥24 ⑥60 ④牛肉のロールソテー ③ Ⓜ	⑭42 ⑨68 ⑨魚介のくずゆで ⑧ Ⓜ	⑭42 ⑮80 ⑭豆腐とホタテの鉢蒸し ② ⑧
⑤22 ①50 ⑤豚ヒレ肉と野菜の網焼き ② Ⓜ	⑮44 ⑬76 ⑨魚介のくずゆで ⑧ Ⓜ	①14 ⑬76 ⑮具だくさんの茶わん蒸し ① Ⓜ
⑭42 ⑤58 ⑤豚ヒレ肉と野菜の網焼き ③ Ⓜ	②16 ⑦62 ⑩アジのたたき ⑧ Ⓜ	④20 ⑫74 ⑮具だくさんの茶わん蒸し ⑥ Ⓜ
①14 ⑥60 ⑥鶏肉と野菜のオーブン焼き Ⓜ	⑧28 ⑪72 ⑩アジのたたき ② Ⓜ	⑨32 ②52 ⑮具だくさんの茶わん蒸し ⑤ Ⓜ
⑨32 ⑥60 ⑥鶏肉と野菜のオーブン焼き ⑧ Ⓜ	⑨32 ③54 ⑩アジのたたき ⑧ Ⓜ	⑩34 ⑥60 ⑮具だくさんの茶わん蒸し ⑧ Ⓜ
⑫38 ⑤58 ⑥鶏肉と野菜のオーブン焼き ⑤ Ⓜ	⑬40 ⑦62 ⑩アジのたたき ⑥ Ⓜ	⑪36 ①50 ⑮具だくさんの茶わん蒸し ⑧ Ⓜ

応用献立を活用するために

基本献立に慣れたら応用献立例へ

最初は6〜8ページの「1日献立の組み合わせ例」に従って1日塩分6g、エネルギー1600kcalの献立を実践してください。料理の味、食品の選び方に慣れてきたら、次は基本献立それぞれに展開してある「応用献立例の3パターン」を使って1日の献立を組み立ててみましょう。

応用献立例は基本献立の料理を中心に、一品料理のバリエーションや、別の基本献立の料理を組み合わせたもので、1つの基本献立につき、3つの献立例を作りました。おもにⅠとⅡは主菜を変えずに副菜と汁物を交換、Ⅲは副菜と汁物を変えずに主菜を交換しました。主材料の似ている料理と交換し、エネルギーと塩分調整をしてあります。ほかの献立との組み合わせを考慮すれば1日献立に組み入れることができます。主菜が肉ばかり、魚ばかりに偏らないように、また料理法が重ならないように注意してください。

3パターン以外にも基本献立の料理を交換し、新たな献立を作ることができます。ポイントは、料理の塩分です。献立ごとに塩分のバランスがとられているので、同じ塩分の主菜同士、副菜同士を交換します。124〜127ページにある「栄養成分値つき料理一覧」の分類を参考にすれば簡単です。

さらにバランス献立シリーズ⑥『塩分1日6gの洋風献立』も参考にすれば、和洋を組み合わせた献立ができ、よりバリエーションが広がります。

●材料表・作り方の見方

・分量はすべて正味重量。
・特に記載のないだしは一番だしなど好みのだしで。
・調味料は小さじ¼まで表記し、それより少ない分量は少量としました。塩は弱½（0.5g）まで。
・電子レンジの加熱時間は500Wのものを使った場合です。400Wの場合は2割増しに、600Wの場合は2割減を目安に加熱してください。2人分を1人分で作りたいときは加熱時間を半分に、その反対は2倍に。
・固形ブイヨンは1個4g（塩分43.2％）、中華スープのもとは小さじ1（塩分48.4％）のものを使用しています。

材料表
作りやすい1〜2人分にしてあります。

献立ナンバー
朝食●、昼食●、夕食●が各15献立ずつ計45献立の基本献立。エネルギー、塩分量はすべて1人分。

でき上がり写真
すべて1人分で紹介。

この本の中の料理を活用して基本献立を変化させた応用献立例。エネルギー、塩分はすべて1人分。（g）が塩分量。■内の数字は料理の掲載ページ。

作り方
初心者のかたでも作れるようにしてあります。

減塩料理を作るためのポイント①

だしをじょうずにとる

和食には昆布と削りガツオでとっただしが欠かせません。塩分を控えて料理を作るためにも、だしのうま味が決め手になります。

だしは料理に合わせたり、好みで使い分けましょう。干ししいたけや干しエビをもどしたときのもどし汁も、だしとして使うことができます。手作りのだしの塩分は0.1％前後です。

だしを少量だけ使いたいというときのために、多めにだしをとり、びんに入れて冷蔵保存すると便利です。2〜3日はもちます。製氷皿などに入れて冷凍すれば冷蔵より長く、1週間はもちます。

だしのとり方 （でき上がり3カップ分）

●基本のだし

●材料
昆布 ……………………………15g
削りガツオ ………2½カップ(25g)
水 ………………………………3½カップ

●作り方
❶なべに昆布と水を入れて強火にかける（A）。
❷煮立つ直前に昆布をとり出し、削りガツオを一気に入れる（B）。
❸再び沸騰したらすぐに火を止め、そのまま1〜2分おく。削りガツオが下に沈んだらこし器でこす（一番だし）（C）。
❹なべに❷の昆布と❸の削りガツオを戻し入れ、水3カップ強と削りガツオ½カップ（5g）（追いガツオ）を加えて強火にかけ、2〜3分煮立ててこし器でこす（二番だし）（D）。
★一番だしは風味を生かして吸い物や煮物に、二番だしは酢の物、あえ物、浸し物、みそ汁、なべ物、煮物に合います。
● カツオ昆布だしの塩分0.1％

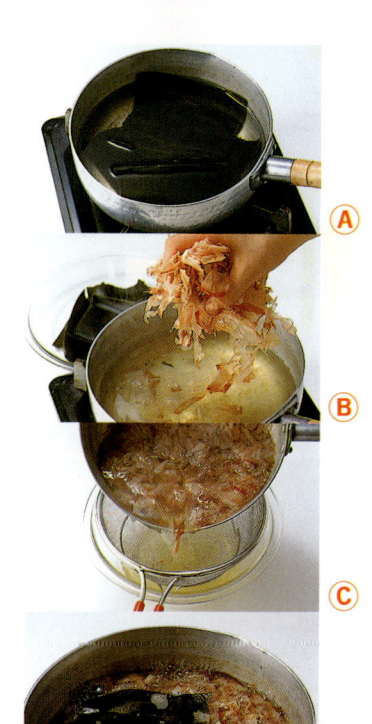

2 卵のココット献立

Ⓐ卵のココット Ⓑブロッコリーのごま酢かけ Ⓒさつま芋の甘煮 Ⓓご飯

494 kcal　塩分 1.3g

■材料（2人分）■

Ⓐ卵のココット
- 卵 …………………… 2個（100g）
- キャベツ …………………… 100g
- 削りガツオ …………………… 4g
- サラダ油 …………………… 小さじ1
- しょうゆ …………………… 小さじ1

Ⓑブロッコリーのごま酢かけ
- ブロッコリー …………………… 160g
- スイートコーン缶 …………………… 20g
- ごま酢
  - すりごま・砂糖 … 各小さじ1
  - しょうゆ …………… 小さじ1⅓
  - 酢 …………………… 小さじ2

Ⓒさつま芋の甘煮
- さつま芋 ……… 小1本（120g）
- 昆布だしまたは水 ……… ½カップ
- 砂糖 …………………… 小さじ2

Ⓓご飯（1人分）……… 140g

作り方

Ⓐ卵のココット

❶キャベツは太めのせん切りにし、削りガツオ、油、しょうゆを加えてあえる。

❷1人分ずつ耐熱容器に入れてラップをし、電子レンジで*2分加熱する。

❸とり出してラップをはずし、キャベツの中央をくぼませ、卵を静かに割り入れる。破裂しないように、竹串でそっと卵黄に穴をあけ、ラップをして再び電子レンジで*2分加熱する。

*1個ずつ加熱する場合は1分ずつ加熱する。

Ⓑブロッコリーのごま酢かけ

❶ブロッコリーは小房に分けてさっとゆで、ざるにとって冷ます。スイートコーンは汁けをきる。

❷ごま酢の材料を混ぜ合わせる。

❸器にブロッコリーを盛ってコーンを散らし、ごま酢をかける。

Ⓒさつま芋の甘煮

❶さつま芋は1～1.5cm厚さの輪切りにして皮をむき、水でさっと洗う。

❷なべにさつま芋を入れ、昆布だし、砂糖を加えて火にかける。沸騰したら弱火にして柔らかくなるまで煮る。

卵のココットはキャベツの味つけで卵を食べます。卵を半熟状に仕上げ、ソースのようにキャベツにからめてもおいしく食べられます。すりごまは材料によくからむのであえ衣などに合います。ブロッコリーをゆでるときは熱湯に塩は加えません。

塩分チェック①
コーン缶

缶詰には塩分が添加されているので使い方に注意。冷凍のコーンは塩分0gです。

クリームコーン缶 塩分0.7%
スイートコーン缶 塩分0.5%

■応用献立例の3パターン■　主食＝ご飯140g・235kcal（0.0g）

	主菜	副菜①	副菜②	
I 556kcal 0.8g	卵のココット 115kcal（0.6g）	山芋のわさび酢あえ 48　133kcal（0.2g）	蒸しかぼちゃ 20　73kcal（0.0g）	
II 500kcal 1.0g	卵のココット 115kcal（0.6g）	いんげんの 梅おかかあえ 83　33kcal（0.4g）	さつま芋の茶きん 84　117kcal（0.0g）	
III 470kcal 1.2g	茶きん卵 50　91kcal（0.5g）	ブロッコリーの ごま酢かけ 53kcal（0.7g）	さつま芋の甘煮 91kcal（0.0g）	

3 半月卵の甘酢あんかけ献立

Ⓐ半月卵の甘酢あんかけⒷ大根のゆかりあえⒸさつま芋のみそ汁Ⓓご飯

474 kcal
塩分 1.9g

さつま芋には甘味があり、みそ汁の具にすると汁全体が甘くなっておいしいものです。

作り方

Ⓐ半月卵の甘酢あんかけ

① にんじんは3～4cm長さのせん切りにする。えのきだけは石づきを除いて長さを半分にし、ほぐす。万能ねぎは3～4cm長さに切る。
② なべにだし、にんじん、えのきを入れて火にかけ、煮立ったら砂糖としょうゆを加えて弱火にして煮る。
③ にんじんが柔らかくなったら、水で溶いたかたくり粉でとろみをつけ、酢、万能ねぎを加えてさっと混ぜ合わせる。
④ フライパンに油を熱し、卵を割り入れ、卵白が白くなってきたら、卵黄にそっとかぶせるように卵白を半分に折りたたむ。フライ返しで軽くおさえて焼き、裏返してさっと焼く。
⑤ 器に盛り、③のあんをかける。

Ⓑ大根のゆかりあえ

① 大根は3mm厚さのいちょう切りにする。
② 酢とゆかりを混ぜ合わせ、大根にかける。

Ⓒさつま芋のみそ汁

① さつま芋は皮つきのまま7～8mm厚さのいちょう切りにし、水でさっと洗う。ねぎは1.5cm幅の斜め切りにする。
② なべにだし、さつま芋、ねぎを入れて火にかけ、煮立ったら弱火にして煮る。
③ さつま芋に火が通ったら、みそを溶き入れる。

■材料(2人分)■

Ⓐ半月卵の甘酢あんかけ
- 卵 …………………… 2個(100g)
- サラダ油 …………… 小さじ1
- にんじん …………… 40g
- えのきだけ ………… ½袋(50g)
- 万能ねぎ …………… 20g
- だし ………………… 大さじ3
- 砂糖 ………………… 小さじ1
- しょうゆ …………… 小さじ1⅓
- ⎰ かたくり粉 ……… 小さじ1
- ⎱ 水 ………………… 小さじ2
- 酢 …………………… 小さじ2

Ⓑ大根のゆかりあえ
- 大根 ………………… 160g
- ⎰ 酢 ………………… 小さじ2
- ⎱ ゆかり …………… 少量

Ⓒさつま芋のみそ汁
- さつま芋 …… 小1本(100g)
- ねぎ ………… 大1本(120g)
- だし ………………… 1ヵップ
- みそ ………………… 小さじ2

Ⓓご飯(1人分) ……… 140g

塩分チェック② ゆかり

塩分40%前後

ふりかけに利用するゆかりをあえ物にほんの少し加えてみませんか。梅としその香りが広がり、赤い色が鮮やかに映え、食欲をそそります。

■応用献立例の3パターン■ 主食＝ご飯140g・235kcal(0.0g)

	主菜	副菜①	副菜②	汁物
Ⅰ 468kcal 1.9g	半月卵の甘酢あんかけ 126kcal(0.8g)	枝豆のみぞれあえ [48] 93kcal(0.5g)		わかめのすまし汁 [44] 14kcal(0.6g)
Ⅱ 521kcal 1.2g	半月卵の甘酢あんかけ 126kcal(0.8g)	いんげんの梅おかかあえ [83] 33kcal(0.4g)	さつま芋とパイナツプルの甘煮 [106] 127kcal(0.0g)	
Ⅲ 508kcal 2.0g	小松菜と卵のグラタン [30] 160kcal(0.9g)	大根のゆかりあえ 15kcal(0.3g)		さつま芋のみそ汁 98kcal(0.8g)

4 和風オムレツ献立

Ⓐ和風オムレツⒷ蒸しかぼちゃⒸアサリのみそ汁Ⓓご飯

オムレツには和風ハーブの三つ葉を具に加えます。風味よく仕上がります。蒸しかぼちゃは電子レンジでできる簡単料理。

■材料（2人分）■

Ⓐ和風オムレツ
- 卵 …………… 2個（100g）
- 塩 …………… 小さじ½
- にんじん …………… 40g
- ねぎ …………… ½本（40g）
- 三つ葉 …………… 20g
- サラダ油 …………… 大さじ1⅓
- だし …………… 大さじ4
- みりん・しょうゆ … 各小さじ1

Ⓑ蒸しかぼちゃ
- かぼちゃ …………… 160g

Ⓒアサリのみそ汁
- アサリ殻つき140g（正味56g）
- ねぎ …………… 1本（80g）
- みそ …………… 小さじ2

Ⓓご飯（1人分） ……… 140g

作り方

Ⓐ和風オムレツ
1. にんじんは薄いいちょう切りにする。ねぎは斜め薄切りにし、三つ葉は2cm長さに切る。
2. フライパンに油小さじ1を熱し、にんじんとねぎをさっといため、だし、みりん、しょうゆを加えてさっと煮、最後に三つ葉を加えていため合わせ、皿にとる。
3. 卵をときほぐし、塩を加えて混ぜる。
4. フライパンに残りの半分の油を熱し、卵½量を流し入れて手早く混ぜる。半熟状になったら、②の具½量をのせてオムレツにする。同様にもう1つ作る。

Ⓑ蒸しかぼちゃ
1. かぼちゃは皿にのせ、ラップをして電子レンジで約2分加熱する。あら熱をとって食べやすく切る。

Ⓒアサリのみそ汁
1. アサリは砂抜きし、殻をこすり合わせるようにしてよく洗う。
2. ねぎは小口切りにする。
3. なべに水1カップとアサリを入れて火にかけ、弱火で煮る。
4. アサリの口が開いたら、ねぎを加えてみそを溶き入れる。

520 kcal　塩分 2.1g

塩分チェック③ 貝類

貝はうま味が強い素材ですが、それ自身に含まれる塩分が多いので、味つけの塩分は控えめにします。汁物、煮物にすると、貝からうま味が出るので、だしはいりません。水煮缶詰は便利ですが、食塩が添加されているので、要注意です。

- ハマグリ 塩分2.0%
- アサリ 塩分2.2%
- アサリ水煮缶詰 塩分1.0%

■応用献立例の3パターン■　主食＝ご飯140g・235kcal（0.0g）

	主菜	副菜①	副菜②	汁物
Ⅰ 507kcal 1.5g	和風オムレツ　181kcal(0.8g)	さつま芋のカテージチーズあえ　[52] 77kcal(0.1g)		わかめのすまし汁　[44] 14kcal(0.6g)
Ⅱ 519kcal 1.1g	和風オムレツ　181kcal(0.8g)	かぼちゃのいとこ煮　[60] 68kcal(0.0g)	クレソンのサラダ　[84] 35kcal(0.3g)	
Ⅲ 480kcal 2.0g	野菜の卵とじ　[70] 141kcal(0.7g)	蒸しかぼちゃ　73kcal(0.0g)		アサリのみそ汁　31kcal(1.3g)

5 生揚げの焼き物献立

Ⓐ生揚げの焼き物ⒷコールスローサラダⒸとろろ昆布のすまし汁Ⓓご飯

471 kcal　塩分 1.9g

■材料(2人分)■

Ⓐ生揚げの焼き物
- 生揚げ ………… 1枚(200g)
- しめじ ………… 1パック弱(60g)
- ねぎ …………… ⅔本(60g)
- しょうが ……… 大½かけ(10g)
- しょうゆ ……… 小さじ2

Ⓑコールスローサラダ
- キャベツ ……… 160g
- にんじん ……… ½本(60g)
- ドレッシング
  - 酢 …………… 小さじ2
  - サラダ油 …… 小さじ1
  - しょうゆ …… 小さじ⅔
- いり黒ごま …… 小さじ1

Ⓒとろろ昆布のすまし汁
- とろろ昆布 …… 10g
- 貝割れ菜 ……… 10g
- しょうゆ ……… 小さじ1

Ⓓご飯(1人分) ……… 140g

焼き物はこんがりと焼き色をつけ、焦げた香ばしい風味で食べます。ねぎは甘味が増して味つけなしで食べられます。とろろ昆布は昆布を重ねて薄く削ったものなので、だしのいらない即席吸い物ができます。

作り方

Ⓐ生揚げの焼き物

1. しめじは石づきを除いて小房に分ける。ねぎは5mm幅の斜め薄切りにする。
2. しょうがはすりおろす。
3. 生揚げはざるにとり、熱湯をかけて油抜きをし、水けをよくきる。
4. 焼き網を熱し、生揚げ、しめじ、ねぎをのせてこんがりと焼き色がつくまで返しながら焼く。しめじは火の通りが早いので注意する。
5. 焼き上がった生揚げを1.5cm幅に切り、ねぎ、しめじとともに器に盛り、おろししょうがをのせてしょうゆをかける。

Ⓑコールスローサラダ

1. キャベツとにんじんはそれぞれ4〜5cm長さのせん切りにする。
2. ドレッシングの材料を混ぜ合わせる。
3. キャベツとにんじんを②のドレッシングであえて器に盛り、黒ごまをふる。

Ⓒとろろ昆布のすまし汁

1. 貝割れ菜は長さを半分にする。
2. わんにとろろ昆布と貝割れ菜を入れ、熱湯½カップ(1人分)を注ぎ、しょうゆを垂らす。よく混ぜて食べる。

香りをきかせる① 香味野菜

野菜の持つ強い香りが料理の味を引き立たせ、うすい味つけもカバー。ちょっと洋風にしたいときはハーブを利用。

三つ葉　しょうが　みょうが
ハーブ　木の芽

■応用献立例の3パターン■　主食＝ご飯140g・235kcal(0.0g)

	主菜	副菜	汁物	果物
Ⅰ 456kcal 1.2g	生揚げの焼き物　169kcal(0.9g)	えのきのおかかじょうゆあえ　62　12kcal(0.3g)		キウイフルーツ　56　40kcal(0.0g)
Ⅱ 495kcal 2.1g	生揚げの焼き物　169kcal(0.9g)	ひじきとフルーツのサラダ　49　77kcal(0.6g)	わかめのすまし汁　44　14kcal(0.6g)	
Ⅲ 488kcal 1.5g	焼き豆腐の黄身みそ田楽　31　186kcal(0.5g)	コールスローサラダ　58kcal(0.3g)	とろろ昆布のすまし汁　9kcal(0.7g)	

6 納豆のレタス包み献立

Ⓐ納豆のレタス包みⒷかぼちゃのミルク煮Ⓒ野菜のスープ煮Ⓓご飯

525 kcal
塩分 1.9g

かぼちゃのミルク煮は電子レンジでもできる簡単煮物です。野菜のスープ煮は具の量を多くして、スープを飲むというよりも、具の野菜を食べるという感覚で。

■材料(2人分)

Ⓐ納豆のレタス包み
納豆	1パック(60g)
しば漬け	20g
きゅうり	1本(100g)
プロセスチーズ	20g
しょうゆ	小さじ½
レタス	200g

Ⓑかぼちゃのミルク煮
かぼちゃ	160g
牛乳	1カップ
砂糖	小さじ2
塩	少々1

Ⓒ野菜のスープ煮
玉ねぎ	⅔個(140g)
にんじん	1本(100g)
無塩バター	小さじ1
レタス	100g
固形ブイヨン	¼個

Ⓓご飯(1人分) ……… 110g

作り方

❶Ⓐ納豆のレタス包み
① しば漬けは細かく刻む。きゅうりとプロセスチーズは納豆と同じ大きさの角切りにする。
② 納豆にしょうゆを加え混ぜ、しば漬け、きゅうり、プロセスチーズを加えてあえる。
③ 大きめにちぎったレタスで②を包みながら食べる。

❷Ⓑかぼちゃのミルク煮
① かぼちゃは3cm角に切る。
② なべにかぼちゃ、牛乳、砂糖を入れて火にかけ、弱火で煮る。牛乳の膜が落ちとしぶた代わりになるので、除かないこと。
③ かぼちゃが柔らかくなったら、塩を加えて火を止める。
★深めの器に全部の材料を入れラップをして電子レンジで4～6分、かぼちゃが柔らかくなるまで加熱してもよい。

❸Ⓒ野菜のスープ煮
① 玉ねぎは2cm角に切り、にんじんは薄いいちょう切りにする。レタスは小さくちぎる。
② なべを火にかけてバターを溶かし、玉ねぎとにんじんをさっといためる。
③ 水2カップと固形ブイヨンを加えて煮立て、弱火にして煮る。
④ 野菜が柔らかくなったら、レタスを加えて2～3分煮、塩を加えて味を調え、火を止める。

塩分チェック④ しば漬け

漬物には独特の風味があるので、調味料代わりに少量使うと減塩には効果的です。製品によって塩分が違うので、「うす塩」を選びましょう。

塩分4.1%

■応用献立例の3パターン■ 主食=ご飯110g・185kcal(0.0g)

	主菜	副菜①		副菜②	
I 463kcal 1.6g	納豆のレタス包み 117kcal(0.9g)	かぼちゃサラダ 126kcal(0.5g)	49	蒸しなす 35kcal(0.2g)	76
II 523kcal 1.9g	納豆のレタス包み 117kcal(0.9g)	かぼちゃのいとこ煮 68kcal(0.0g)	60	切り干し大根と煮干しの酢いり 153kcal(1.0g)	47
III 519kcal 1.2g	豆腐入りトマトスープ 123kcal(0.4g)	30 かぼちゃのミルク煮 155kcal(0.6g)		焼きアスパラののり酢かけ 56kcal(0.2g)	46

7 豆腐のくず煮献立

Ⓐ豆腐のくず煮ⒷたたききゅうりⒸご飯Ⓓバナナヨーグルト

465 kcal　塩分 1.5g

■材料(2人分)■

Ⓐ豆腐のくず煮
- 絹ごし豆腐 ……2/3丁(200g)
- 生しいたけ………6枚(60g)
- 万能ねぎ……………20g
- だし………………1カップ
- しょうゆ………大さじ1
- みりん…………小さじ2
- かたくり粉……小さじ1
- 水………………小さじ2

Ⓑたたききゅうり
- きゅうり………2本(200g)
- 干しエビ……………6g
- 干しエビのもどし汁 小さじ2
- ごま油・しょうゆ各小さじ1
- 酢………………小さじ2

Ⓒご飯(1人分)…………140g

Ⓓバナナヨーグルト
- プレーンヨーグルト …200g
- バナナ……………1本(100g)

煮物をおいしく見せるには、色もたいせつ。味つけに濃い色のしょうゆを使うと食欲をそそります。しいたけの色も溶け出してほどよい色に仕上がります。煮汁にとろみをつけ、材料に味がよくからむようにします。

作り方

Ⓐ豆腐のくず煮

①しいたけは石づきを除いて薄切りにし、万能ねぎは小口切りにする。

②豆腐は縦半分に切ってから端から7〜8mm幅に切る。

③なべにだしを煮立て、しょうゆとみりんで調味する。しいたけを加えて弱火でさっと煮、水で溶いたかたくり粉でとろみをつける。

④豆腐を加えて温めるくらいに煮、万能ねぎを加えて火を止める。

Ⓑたたききゅうり

①干しエビはひたひたの湯につけてもどし、細かく刻む(前の晩からつけておくとよい)。もどし汁はとっておく。

②きゅうりはまな板にのせて手のひらでおさえ、体重をかけてぎゅっと押しつぶし、食べやすい大きさに割る。

③干しエビともどし汁、しょうゆ、ごま油、酢を混ぜ合わせる。

④きゅうりを器に盛り、③をかける。

Ⓓバナナヨーグルト

①バナナは7〜8mm厚さの輪切りにする。

②バナナを器に盛り、ヨーグルトをかける。

うま味を利用する②　干しエビ

乾物には凝縮されたうま味があります。ぬるま湯につけてもどし、うま味が充分出たもどし汁もじょうずに利用を。

塩分3.8%

■応用献立例の3パターン■　主食＝ご飯140g・235kcal(0.0g)

	主菜	副菜①	副菜②	デザート
I 529kcal 1.4g	豆腐のくず煮　83kcal(0.9g)	山芋のわさび酢あえ　48　133kcal(0.2g)		カテージチーズのムース　122　78kcal(0.3g)
II 471kcal 1.5g	豆腐のくず煮　83kcal(0.9g)	スティックサラダ　72　76kcal(0.5g)	さつま芋のカテージチーズあえ　52　77kcal(0.1g)	
III 505kcal 1.0g	豆腐入りトマトスープ　30　123kcal(0.4g)	たたききゅうり　42kcal(0.5g)		バナナヨーグルト　105kcal(0.1g)

豆腐ステーキ献立

Ⓐ豆腐ステーキⒷ青梗菜の煮物Ⓒプチトマトのサラダ Ⓓご飯

493 kcal
塩分 1.4g

■材料（2人分）■

Ⓐ豆腐ステーキ
- もめん豆腐 …… 1丁(300g)
- ねぎ ………… ⅔本(60g)
- もやし ……… ½袋(100g)
- サラダ油 ………… 小さじ2
- しょうゆ・酒 …… 各小さじ2

Ⓑ青梗菜の煮物
- 青梗菜 ………… 2株(160g)
- 桜エビ …………………… 6g
- だし ……………………… ¾カップ
- みりん ………………… 小さじ2
- しょうゆ ……………… 小さじ⅔

Ⓒプチトマトのサラダ
- プチトマト …………… 160g
- レモンドレッシング
  - レモンの搾り汁 … 大さじ1⅓
  - サラダ油 ………… 小さじ1
  - 砂糖 ……………… 小さじ⅔

Ⓓご飯（1人分）……… 140g

作り方

Ⓐ豆腐ステーキ

❶豆腐は4等分し、キッチンタオルを敷いた網つきバットにのせ、水きりする。

❷ねぎは3～4cm長さに切る。

❸フライパンに油を熱し、豆腐を入れて焼く。あいているところでねぎを焼き、もやしをいためる。

❹豆腐の両面をこんがりと焼いたら、しょうゆと酒を合わせて豆腐の上にかけ、さっと両面を焼いて器に盛る。フライパンに残ったたれをもやしにからめて味をつける。

❺豆腐を盛った器にもやしとねぎを盛り合わせる。

まず豆腐に味をつけ、フライパンに残った調味料でつけ合わせの野菜に味をつけます。少しの調味料もむだにしない方法。トマトを切って表面積を大きくして味のからみをよくすると、ドレッシングは少なくてもOK。

Ⓑ青梗菜の煮物

❶青梗菜は3cm長さに切り、根元は6つ割りにする。

❷なべに青梗菜、桜エビ、だしを入れて火にかけ、弱火で煮る。

❸青梗菜に火が通ったら、みりんとしょうゆを加えてさっと煮、火を止める。

Ⓒプチトマトのサラダ

❶プチトマトはへたを取って半分に切る。

❷ドレッシングの材料を混ぜ合わせる。

❸器にトマトを盛り、ドレッシングをかける。

酸味をきかせる果物、野菜

酸味は減塩に効果的ですが、酢のツーンとしたにおいが苦手な人は果物や野菜の酸味を利用して。自然でさわやかな酸味が料理を引き立てます。

りんご / レモン / すだち / トマト

■応用献立例の3パターン■ 主食＝ご飯140g・235kcal(0.0g)

	主菜	副菜①	副菜②
Ⅰ 507kcal 1.7g	豆腐ステーキ 181kcal(1.0g)	キャベツのケチャップいため [58] 56kcal(0.4g)	クレソンのサラダ [84] 35kcal(0.3g)
Ⅱ 493kcal 1.6g	豆腐ステーキ 181kcal(1.0g)	にんじんのクリームチーズあえ [56] 50kcal(0.1g)	切り昆布の酢の物 [78] 27kcal(0.5g)
Ⅲ 492kcal 1.1g	豆腐とウナギの重ね蒸し [103] 180kcal(0.7g)	青梗菜の煮物 29kcal(0.4g)	プチトマトのサラダ 48kcal(0.0g)

朝食向きの簡単主菜

タラコ
塩分4.6%

野菜がいっしょにとれる主菜は朝食にぴったりです。オーブントースターや既製品をじょうずに使ってスピードアップ。

小松菜と卵のグラタン
160kcal 0.9g

忙しい朝には既製品もじょうずにとり入れて。

● 材料（2人分）
- 小松菜 …… 140g
- 生しいたけ …… 100g
- ホワイトソース（既製品） …… 100g
- 卵 …… 2個
- 粉チーズ …… 小さじ1/2
- こしょう …… 少量

● 作り方
1. 小松菜は沸騰湯で、1～2分ゆでて水にとる。水けを絞り、3～4cm長さに切る。
2. 生しいたけは石づきを除き、縦に薄切りにする。
3. ②を耐熱容器に入れ、こしょうをふる、ホワイトソースであえる。①の小松菜と合わせ、ホワイトソースであえる。
4. ③を耐熱容器に入れ、粉チーズをふる。中心をくぼませて卵を割り入れ、粉チーズをふる。
5. オーブントースターで卵が好みの堅さになるまで7～8分焼く。

豆腐入りトマトスープ
123kcal 0.4g

豆腐とトマト味の組み合わせが思いのほかよく合います。

● 材料（2人分）
- もめん豆腐 …… 1/2丁（150g）
- 無塩トマトジュース …… 1缶（200g）
- 玉ねぎ …… 1/2個（100g）
- マッシュルーム …… 100g
- ピーマン …… 2個（60g）
- サラダ油 …… 小さじ1
- 固形ブイヨン …… 1/2個
- こしょう …… 少量

無塩トマトジュース
塩分0%

● 作り方
1. 豆腐は2～3cm角に切り、マッシュルームは石づきを除き、縦に4等分する。玉ねぎとピーマンは豆腐の大きさに合わせて切る。
2. なべに油を熱し、玉ねぎをいためる。しんなりしたらマッシュルーム、ピーマンを加えていため合わせ、トマトジュース、ブイヨンを加えて4～5分煮る。
3. 豆腐を加えて静かに煮、こしょうで味を調える。

★有塩のトマトジュースの塩分は0.6％。1缶（200g）あたり1.2gなので、かならず無塩のものを。

ゆで卵とほうれん草のサラダ

ドレッシングはだしで割ってまろやかに。

127kcal
0.7g

● 材料 (2人分)

- 卵 ……………………… 2個(100g)
- 生食用ほうれん草 …… 120g
- タラコドレッシング
  - タラコ ……………… 20g
  - だし・酢 ………… 各小さじ2
  - サラダ油 ………… 小さじ1
- いり黒ごま ………… 小さじ2/3

● 作り方

❶ 卵は水から入れ、沸騰後12〜13分ゆでる。水にとって殻をむき、フォークなどで粗くほぐす。

❷ ほうれん草はよく水をふき取ってから、食べやすい大きさに手でちぎる。

❸ タラコは皮に切り目を入れて開き、中身をほぐしてドレッシングの他の材料と混ぜ合わせる。

❹ 器にほうれん草を敷いてゆで卵を盛り、③のドレッシングをまわしかけて黒ごまを散らす。

★普通のほうれん草なら柔らかい葉先だけ摘んで使う。

ホワイトソース
塩分約1%

焼き豆腐の黄身みそ田楽

田楽の香ばしさが手軽に味わえる一品です。

186kcal
0.5g

● 材料 (2人分)

- 焼き豆腐 ……………… 1丁(300g)
- 黄身みそ
  - 白みそ …………… 大さじ1
  - みりん …………… 小さじ2
  - 卵黄 ……………… 1/2個分(10g)
- いり黒ごま ……………… 少量

● 作り方

❶ 焼き豆腐は一口大に切り分け、キッチンタオルの上に並べて水けをきる。

❷ 白みそにみりん、卵黄を加えて練り混ぜる。

❸ 天板にオーブンシートを敷く。豆腐の片面にオーブンシートを敷く。豆腐の片面に②の黄身みそを等分に塗り、ごまをふって天板に並べる。

❹ オーブントースターで2〜3分焼き、表面に焼き色をつける。

9 白身魚の梅蒸し献立

Ⓐ白身魚の梅蒸しⒷじゃが芋のいため煮Ⓒキャベツとわかめのお浸しⒹご飯

480 kcal
塩分 1.8g

■材料(2人分)■

Ⓐ白身魚の梅蒸し
白身魚(タラ)*2切れ	(160g)
玉ねぎ	1/3個(60g)
生しいたけ	10枚(100g)
┌ 梅干し	小1個(4g)
└ 酒	小さじ2

*タイ、スズキ、ヒラメでも

Ⓑじゃが芋のいため煮
じゃが芋	2個(200g)
にんじん	1/2本(60g)
ごま油	小さじ1
だし	1/2カップ
酒	小さじ2
砂糖	小さじ1
しょうゆ	小さじ1½

Ⓒキャベツとわかめのお浸し
キャベツ	200g
わかめ(もどして)	40g
┌ ちりめんじゃこ	6g
│ だし	大さじ1
└ しょうゆ	小さじ2/3

Ⓓご飯(1人分) 140g

作り方

Ⓐ白身魚の梅蒸し
① 白身魚は冷蔵庫から出して室温にもどす(冷たいと熱が通るまで時間がかかり、魚の臭みが出る)。
② 梅干しは種を除いてちぎり、酒に浸す。
③ 玉ねぎはくし形に切り、しいたけは石づきを除いて2～4つ割りにする。
④ 深めの器に白身魚、玉ねぎ、しいたけを入れ、梅干しを汁ごと加えてひと混ぜし、火を止める。

魚を蒸している間に玉ねぎの水分が出て、梅干しの塩分がほどよく全体に広がります。じゃが芋のいため煮は最後にしょうゆを加えて表面に味をつけます。

入れて強火で約15分蒸す。
★ラップをして電子レンジで4～5分加熱してもよい。

Ⓑじゃが芋のいため煮
① じゃが芋とにんじんは2～3cm角に切り、じゃが芋は水でさっと洗って水けをきる。
② なべにごま油を熱し、にんじん、じゃが芋の順に加えていため合わせ、だし、酒を加えて煮立て、弱火にして煮る。
③ 材料が柔らかくなったら、砂糖を加え、仕上げにしょうゆを加えてひと煮し、火を止める。

Ⓒキャベツとわかめのお浸し
① キャベツはさっとゆで、水けをよく絞って2～3cm角に切る。
② わかめは食べやすく切る。
③ ちりめんじゃこ、だし、しょうゆを合わせ、キャベツとわかめをあえる。

塩分チェック⑤ 梅干し

1個約10g(正味)で塩分2.2gもあるので、1個まるごと口に入れるのは危険。調味料代わりに使いましょう。うす塩といっても塩分はあるので油断禁物。

うす塩 塩分約12%
普通 塩分22.1%

■応用献立例の3パターン■ 主食＝ご飯140g・235kcal(0.0g)

	主菜	副菜①	副菜②
Ⅰ 489kcal 1.3g	白身魚の梅蒸し 87kcal(0.6g)	じゃが芋のケチャップ焼き [85] 111kcal(0.5g)	焼きアスパラののり酢かけ [46] 56kcal(0.2g)
Ⅱ 571kcal 1.4g	白身魚の梅蒸し 87kcal(0.6g)	じゃが芋の白煮 [62] 65kcal(0.5g)	金時豆のオクラ酢かけ [46] 184kcal(0.3g)
Ⅲ 529kcal 1.7g	アジの香味蒸し [101] 136kcal(0.5g)	じゃが芋のいため煮 121kcal(0.7g)	キャベツとわかめのお浸し 37kcal(0.5g)

10 シーフードミックスサラダ献立

Ⓐシーフードミックスサラダ Ⓑ小松菜のオイスターソースいため Ⓒご飯 Ⓓパイナップル

468 kcal　塩分 2.1g

■材料（2人分）■

Ⓐシーフードミックスサラダ
- シーフードミックス(冷凍) ……180g
- トマト ……………½個(72g)
- わかめ(もどして) ………90g
- きゅうり ……小1本(90g)
- レタス ……………72g
- ドレッシング
  - みそ ……………大さじ½弱
  - 酢・水・ねぎのみじん切り ……各小さじ2

Ⓑ小松菜のオイスターソースいため
- 小松菜 ……………160g
- 豚赤身ひき肉 ……………60g
- サラダ油 ……………小さじ2
- オイスターソース…小さじ1⅓
- 酒 ……………小さじ2

Ⓒご飯(1人分) ………140g
Ⓓパイナップル ……140g

作り方

魚介と野菜がたっぷりのサラダ。ドレッシングはみその入った和風味。材料の水けをよくきり、水分で味がうすまらないようにします。オイスターソースは中国の調味料で塩分は11％前後です。風味がよいのでいため物に使って変化をつけましょう。

Ⓐシーフードミックスサラダ

① シーフードミックスは解凍してからゆで、ざるにとって冷ます。前の晩に冷蔵庫に移して自然解凍しておくとよい。
② トマトは一口大に切る。きゅうりはフォークで皮に筋目を入れ、3～4mm厚さの輪切りにする。わかめは食べやすい大きさに切り、レタスは食べやすい大ききにちぎる。
③ ドレッシングの材料を混ぜ合わせる。
④ 器に材料を彩りよく盛り合わせ、ドレッシングをかける。

Ⓑ小松菜のオイスターソースいため

① 小松菜は4cm長さに切る。
② オイスターソースと酒を混ぜ合わせる。
③ フライパンに油を熱し、ひき肉をほぐしながらいため、色が変わったら小松菜を加えていため合わせ、ふたをして蒸す。
④ 小松菜がしんなりしたら、②を加えて調味する。

塩分チェック⑥　わかめ

乾物や塩蔵の食品はもどすときに塩が抜けます。わかめは水につけてもどし、よく水けを絞ってから使います。煮物や汁物にそのまま使える即席わかめは手軽ですが(塩分約20.8％)、もどすと重量10倍、塩分0.3％)、かならずもどしてから。

即席わかめ　塩分20.8％
➡もどして重量10倍　塩分0.3％

乾燥　塩分16.8％
➡もどして重量14倍　塩分0.7％

■応用献立例の3パターン■　主食＝ご飯140g・235kcal(0.0g)

	主菜	副菜①	副菜②	果物・デザート
Ⅰ 443kcal 2.2g	シーフードミックスサラダ 101kcal(1.6g)	なすといんげんのさっと煮 [68] 29kcal(0.3g)		カテージチーズのムース [122] 78kcal(0.3g)
Ⅱ 462kcal 1.9g	シーフードミックスサラダ 101kcal(1.6g)	おかひじきのなめたけあえ [50] 9kcal(0.3g)	さつま芋の茶きん [84] 117kcal(0.0g)	
Ⅲ 517kcal 2.2g	イカのしょうがじょうゆ焼き [66] 115kcal(1.5g)	小松菜のオイスターソースいため 96kcal(0.5g)	蒸しなす [76] 35kcal(0.2g)	パイナップル 36kcal(0.0g)

11 ツナとかぶの煮浸し献立

Ⓐツナとかぶの煮浸しⒷもやしの塩いためⒸきゅうりもみⒹご飯

423 kcal
塩分 1.3g

かぶは糖質が多く、甘味があり、うす味でも食べやすい野菜の一つです。味つけはツナ缶の塩分を考えて控えめにします。いため物は油のこくを生かして、もやしのように表面積が大きくて水分が多い野菜は味がしみやすく、からみやすくなります。少ない油でいためるには、野菜が熱いうちに、油をからめるようにいためるのがコツ。

■材料（2人分）■

Ⓐツナとかぶの煮浸し
ツナ水煮缶	120g
かぶ	2個(120g)
かぶの葉	160g
だし	1カップ
酒・みりん	各小さじ2
しょうゆ	小さじ½

Ⓑもやしの塩いため
もやし	¾袋(140g)
さやいんげん	60g
サラダ油	大さじ1
塩	ミニさじ1

Ⓒきゅうりもみ
きゅうり	2本(200g)
塩	少量
しょうがのみじん切り	少量
砂糖	小さじ1
酢	小さじ2

Ⓓご飯（1人分） 140g

作り方

Ⓐツナとかぶの煮浸し
❶かぶは皮をむいて縦に4～6つ割りにする。葉は柔らかい部分だけとり分け、3～4cm長さに切る。
❷なべにだしと酒、しょうゆ、みりんを入れて煮立て、かぶと葉を加え、弱火でかぶが柔らかくなるまで煮る。
❸汁けをきったツナをほぐしながら加え、さっと煮る。

Ⓑもやしの塩いため
❶いんげんは縦半分に切り、長さを2～3等分する。
❷なべにたっぷりの湯を沸かし、いんげんを入れる。再び煮立ってきたらもやしを加え、すぐにざるにとって湯をきる。
❸フライパンに油を熱し、②の野菜が熱いうちに入れ、強火で水分をとばすようにいため、塩で調味する。

Ⓒきゅうりもみ
❶きゅうりは薄い輪切りにし、塩をまぶしてしんなりさせ、水で洗って水けをよく絞る。
❷しょうが、砂糖、酢を混ぜ合わせ、きゅうりをあえる。

塩分チェック⑦
水産物水煮缶詰
常備しておくといつでも使えて便利な缶詰です。水煮といっても塩が添加してあります。ツナは油漬けではなく低エネルギーの水煮を。

ツナ缶	塩分0.7%
カニ缶	塩分1.7%
ホタテ缶	塩分1.0%
サケ缶	塩分0.9%

■応用献立例の3パターン■　主食＝ご飯140g・235kcal(0.0g)

	主菜	副菜①	副菜②	果物
Ⅰ 500kcal 0.7g	ツナとかぶの煮浸し 89kcal(0.5g)	山芋のわさび酢あえ 48 133kcal(0.2g)		オレンジ 42 43kcal(0.0g)
Ⅱ 454kcal 0.8g	ツナとかぶの煮浸し 89kcal(0.5g)	白菜とりんごのサラダ 74 94kcal(0.3g)		パイナップル 34 36kcal(0.0g)
Ⅲ 489kcal 2.3g	イカのしょうがじょうゆ焼き 66 115kcal(1.5g)	もやしの塩いため 78kcal(0.5g)	きゅうりもみ 21kcal(0.3g)	キウイフルーツ 56 40kcal(0.0g)

37

なすとひき肉のみそいため献立

526 kcal　塩分 2.0g

Ⓐなすとひき肉のみそいため Ⓑトマトサラダ Ⓒかきたま汁 Ⓓご飯

なすと油、みそは相性がとてもよい組み合わせ。合わせ調味料を加える前に、野菜の水分をとばし、味がうすまるのを防ぐのがいため物のコツ。少しこってりした主菜には、さっぱり味のサラダと汁物をつけてバランスをとります。かきたま汁はのりをたっぷり入れて風味を生かします。

作り方

Ⓐなすとひき肉のみそいため

① なすは一口大の乱切りにし、水にさらしてアクを抜く。ピーマンは種を除いて一口大の乱切りにする。
② みそ、砂糖、水を混ぜ合わせる。
③ フライパンに油を熱し、ひき肉を入れてほぐしながらいため、色が変わったら、水けをよくきったなすを加えてふたをし、酒をふっていため合わせ、蒸しためにする。
④ なすに火が通ったらピーマンを加えていため合わせ、②の合わせ調味料を加えていりつけ、火を止める。

Ⓑトマトサラダ

① トマトはくし形に切り、レタスは食べやすい大きさにちぎる。
② ドレッシングの材料を混ぜ合わせる。
③ 器にレタスを敷いてトマトを盛り、ドレッシングをかける。

Ⓒかきたま汁

① 玉ねぎは1cm幅に切る。
② なべにだしと玉ねぎを入れて火にかけ、煮立ったら弱火にして煮る。
③ 玉ねぎが柔らかくなったら、塩としょうゆで調味し、小さくちぎったのりを加える。
④ 卵をときほぐして流し入れ、ひと煮して火を止める。

■材料（2人分）■

Ⓐなすとひき肉のみそいため
なす	2個（200g）
豚赤身ひき肉	80g
ピーマン	2個（60g）
サラダ油	大さじ1⅓
酒	小さじ2
みそ	小さじ1½
砂糖	小さじ2
水	大さじ1⅓

Ⓑトマトサラダ
トマト	大1個（200g）
レタス	80g
ドレッシング	
レモンの搾り汁	大さじ1⅓
サラダ油	小さじ2
塩	ミニ1
こしょう	少量

Ⓒかきたま汁
卵	½個（25g）
玉ねぎ	½個（80g）
のり	⅔枚（2g）
だし	1カップ
塩	ミニ1
しょうゆ	小さじ½

Ⓓご飯（1人分）　140g

■応用献立例の3パターン■

主食＝ご飯140g・235kcal（0.0g）

	主菜	副菜①	副菜②・汁物	デザート
Ⅰ 556kcal 1.9g	なすとひき肉のみそいため 186kcal(0.7g)	焼き油揚げとレタスのサラダ 85　95kcal(0.4g)	かきたま汁 40kcal(0.8g)	
Ⅱ 519kcal 1.6g	なすとひき肉のみそいため 186kcal(0.7g)	トマトサラダ 65kcal(0.5g)	いんげんの梅おかかあえ 83　33kcal(0.4g)	
Ⅲ 503kcal 2.2g	ハマグリと青梗菜のいため蒸し 102　78kcal(0.8g)	トマトサラダ 65kcal(0.5g)	かきたま汁 40kcal(0.8g)	抹茶入りミルクゼリー 120　85kcal(0.1g)

39

鶏肉のホイル焼き献立

Ⓐ鶏肉のホイル焼きⒷオクラの納豆あえⒸ野菜たっぷりのみそ汁Ⓓご飯

507 kcal　塩分 2.1g

■材料（2人分）

Ⓐ鶏肉のホイル焼き
- 鶏ささ身　140g
- 玉ねぎ　½個(100g)
- トマト　小1個(100g)
- ピーマン　2個(60g)
- 溶けるチーズ　20g
- 塩　少々1

Ⓑオクラの納豆あえ
- オクラ　140g
- ひきわり納豆　40g
- しょうゆ　小さじ1
- 削りガツオ　2g

Ⓒ野菜たっぷりのみそ汁
- 油揚げ　⅓枚(10g)
- 大根　100g
- にんじん　½本(60g)
- さやえんどう　40g
- みそ　小さじ2
- だし　1カップ

Ⓓご飯（1人分）　140g

作り方

Ⓐ鶏肉のホイル焼き
❶玉ねぎは縦半分にし、横に7〜8mm幅に切る。トマトは皮と種を除いて一口大に切る。ピーマンは縦半分にし、種を除いて横に7〜8mm幅に切る。
❷ささ身は筋を除いて一口大のそぎ切りにする。
❸適当な大きさに切ったアルミ箔を広げ、中央に玉ねぎを敷いてささ身をのせ、さらにトマトとピーマンを並べて塩をふり、からんでおいしく食べられます。ホイル焼きは、トマトの水分と酸味がほかの材料にほどよくからんでおいしく食べられます。
❹オーブントースターで10〜15分、材料に火が通り、アルミ箔がふっくらとふくらんでくるまで焼く。

Ⓑオクラの納豆あえ
❶オクラはさっとゆでてざるにとって冷まし、細かく刻む。
❷納豆としょうゆを混ぜ、オクラを加えてあえる。
❸器に盛って削りガツオをふる。

Ⓒ野菜たっぷりのみそ汁
❶大根、にんじんは3cm長さの短冊に切る。さやえんどうは筋を取って斜めに半分に切る。
❷油揚げはざるにあげ、熱湯をかけて油抜きし、水けをきって3cm長さの短冊に切る。
❸なべにだしと油揚げ、大根、にんじんを入れて火にかけ、煮立ったら弱火にして煮る。
❹野菜が柔らかくなったら、さやえんどうを加え、みそを溶き入れる。

油のこくを利用する①
油揚げ、生揚げ

油揚げ、生揚げは、油で揚げてあるのでこくがあります。煮物やあえ物に効果的に加えて。熱湯をかけて油抜きをし、よく水けをきってから使います。エネルギーが高いので量は控えめに。

生揚げ / 油揚げ

■応用献立例の3パターン■　主食＝ご飯140g・235kcal(0.0g)

	主菜	副菜①	副菜②	汁物
Ⅰ 530kcal 1.5g	鶏肉のホイル焼き 144kcal(0.9g)	枝豆のみぞれあえ [48] 93kcal(0.5g)	うずらの卵ときゅうりの串刺し [54] 58kcal(0.1g)	
Ⅱ 431kcal 1.3g	鶏肉のホイル焼き 144kcal(0.9g)	おかひじきのなめたけあえ [50] 9kcal(0.3g)	小松菜のチーズサラダ [60] 43kcal(0.1g)	
Ⅲ 441kcal 2.0g	ハマグリと青梗菜のいため蒸し [102] 78kcal(0.8g)	オクラの納豆あえ 67kcal(0.4g)		野菜たっぷりのみそ汁 61kcal(0.8g)

41

タイ風おかゆ献立

ⒶタイフおかゆⒷセロリとにんじんのピリ辛あえⒸオレンジ

484 kcal
塩分 1.7g

朝食にぴったりのおかゆの献立。鶏肉からだしが出るので塩がなくてもおいしく食べられます。足りないときは味をみながら、あらかじめ計量してある塩を少しずつ加えるようにします。

■材料(2人分)■

Ⓐタイフおかゆ
- 鶏ささ身ひき肉 ……100g
- 酒 …………………小さじ2
- しょうゆ …………小さじ2/3
- こしょう …………少量
- ねぎ ………………2/3本(60g)
- ご飯 ………………280g
- 卵 …………………2個(100g)
- 塩 …………………ミニ1

Ⓑセロリとにんじんのピリ辛あえ
- セロリ ……………2本(160g)
- にんじん …………1本(120g)
- a {
  - 豆板醤 ……………少量
  - ごま油・しょうゆ・砂糖 ……各小さじ1
  - 酢 …………………小さじ2
}
- Ⓒオレンジ ………2個(220g)

作り方

Ⓐタイフおかゆ
❶ねぎは斜め薄切りにする。
❷ひき肉に酒、しょうゆ、こしょうを加え、よく練り混ぜる。
❸なべに水4カップとご飯を入れ、ご飯をよくほぐしてから火にかけ、煮立ったら弱火にして煮る。
❹ご飯がふっくらしてきたら、②のひき肉を一口大に丸めながらそっと入れ、火が通るまで2〜3分煮る。
❺ねぎを加えてさっと煮る。
❻器に盛り、卵を割り入れる。食べるときに、味をみながら塩を少しずつ加える。

Ⓑセロリとにんじんのピリ辛あえ
❶セロリとにんじんは一口大の乱切りにする。
❷なべに湯を沸かし、にんじんを入れて再び沸騰してきたらセロリを加え、すぐにざるにとる。
❸aの材料を混ぜ合わせる。
❹水けをよくきったにんじんとセロリを③であえる。
★野菜はゆでて熱いうちでも、冷水にさっとくぐらせて冷やしてからあえても、どちらでも。

辛味をきかせる① 練り物

料理に辛味をきかせると、減塩に効果的です。練りわさび、練りがらしには保存などの意味で塩などが含まれます。複合調味料の豆板醤や粒マスタードもいろいろな調味料を含みます。塩分があるので、ちょっときかせる程度に。

粒マスタード 塩分4.1%
豆板醤 塩分17.8%
練りわさび 塩分6.1%
練りがらし 塩分7.4%

■応用献立例の3パターン■

	主食	副菜①	副菜②
Ⅰ 417kcal 1.7g	タイ風おかゆ 379kcal(1.0g)	きゅうりとハムのからしあえ 52 29kcal(0.7g)	プチトマト 50 9kcal(0.0g)
Ⅱ 451kcal 1.7g	タイ風おかゆ 379kcal(1.0g)	野菜のレモンピクルス 50 16kcal(0.3g)	キャベツのケチャップいため 58 56kcal(0.4g)
Ⅲ 483kcal 1.1g	タイ風おかゆ 379kcal(1.0g)	にんじんのクリームチーズあえ 56 50kcal(0.1g)	ゆでそら豆 62 54kcal(0.0g)

A

B

C

43

15 親子どん献立

Ⓐ親子どん Ⓑさやいんげんのおかか煮 Ⓒトマトときゅうりのおろしあえ Ⓓわかめのすまし汁

497 kcal　塩分 2.2g

■材料（2人分）■

Ⓐ親子どん
鶏皮なし胸肉	100g
ねぎ	⅔本(60g)
しめじ	¾カップ(60g)
だし	½カップ
みりん	大さじ1⅓
しょうゆ	小さじ2
卵	2個(100g)
ご飯	280g
三つ葉	20g

Ⓑさやいんげんのおかか煮
さやいんげん	140g
だし	¾カップ
しょうゆ	小さじ1
削りガツオ	4g

Ⓒトマトときゅうりのおろしあえ
トマト	小1個(100g)
きゅうり	½本(60g)
大根	200g
a { 昆布だし・酢	各大さじ1⅓
砂糖	小さじ1

Ⓓわかめのすまし汁
わかめ(もどして)	40g
万能ねぎの小口切り	20g
麩	2g
だし	1カップ
塩	ミニ½
しょうゆ	小さじ½

作り方

Ⓐ親子どん
❶ねぎは斜め薄切りにし、しめじは石づきを除いて小房に分ける。三つ葉は2cm長さに切る。
❷鶏肉は一口大に切る。
❸小なべにだしを煮立て、鶏肉、ねぎ、しめじを入れて弱火で煮る。だしが少なくなったら足す。
❹材料に火が通ったら、みりん、しょうゆで調味し、ときほぐした卵をまわし入れる。半熟状になったら三つ葉をのせてふたをし、火を止めて蒸らす。
❺どんぶりにご飯を盛り、❹をのせる。

Ⓑさやいんげんのおかか煮
❶いんげんは斜めに3〜4cm長さに切る。
❷なべにいんげんとだしを入れて煮立て、弱火にして煮る。
❸いんげんが柔らかくなり、水分が少なくなったらしょうゆを加えてさっと煮、火を止める。
❹削りガツオを加えていんげんにからめるようにまぶす。

Ⓒトマトときゅうりのおろしあえ
❶トマトは皮と種を除いて一口大に切り、きゅうりも一口大に切る。
❷大根はすりおろしてざるにあげ、軽く絞って汁けをきり、aを加え混ぜる。
❸トマトときゅうりを❷であえる。

Ⓓわかめのすまし汁
❶わかめは食べやすく切る。
❷なべにだしを煮立て、塩としょうゆで調味する。
❸麩とわかめ、万能ねぎを加え、さっと煮て火を止める。

煮物の仕上げに削りガツオをまぶしてうま味をつけます。あえ物は大根おろしと酢でさっぱりと食べます。

■応用献立例の3パターン■

	主食	副菜①	副菜②	汁物・果物
Ⅰ 521kcal 1.8g	親子どん 415kcal(1.2g)	ブロッコリーのチーズ焼き [64] 54kcal(0.3g)	なすといんげんのさっと煮 [68] 29kcal(0.3g)	グレープフルーツ [70] 23kcal(0.0g)
Ⅱ 481kcal 1.8g	親子どん 415kcal(1.2g)	切り昆布の酢の物 [78] 27kcal(0.5g)	にんじんのオレンジ煮 [64] 39kcal(0.1g)	
Ⅲ 435kcal 2.3g	三色どんぶり [80] 353kcal(1.3g)	さやいんげんのおかか煮 27kcal(0.4g)	トマトときゅうりのおろしあえ 41kcal(0.0g)	わかめのすまし汁 14kcal(0.6g)

A
B
C
D

45

酸味を利用した減塩副菜

塩味を引き立ててくれる酢は減塩料理に欠かせません。酢の種類は多いのでいろいろ試してみるのもいいですね。酢のほかにも柑橘類などの果物やヨーグルトなどの酸味も利用しましょう。

酢
レモン
ヨーグルト

金時豆のオクラ酢かけ

184kcal
0.3g

豆のほくほくとオクラのねばねばが合います。大豆など好みの豆で。

● 材料（2人分）
金時豆水煮缶……140g
オクラ……
オクラ酢
├ 酢……大さじ1⅓
├ 砂糖……小さじ1
└ 塩……少量

● 作り方
❶ オクラはさっとゆでて冷まし、包丁で細かくたたいて刻む。オクラ酢のほかの材料と混ぜ合わせる。
❷ 器に汁けをきった金時豆を盛り、オクラ酢をかける。

★豆の水煮缶詰の塩分は約0.5％。無塩のふかし豆もあるので利用を。

焼きアスパラののり酢かけ

56kcal
0.2g

のりの風味と焼き野菜の香ばしさが食欲をそそる1品です。

● 材料（2人分）
グリーンアスパラガス……200g
えのきだけ……2袋（200g）
のり酢
├ のり……⅓枚（1g）
├ しょうゆ……大さじ1⅓
├ 酢……小さじ½
└ みりん……小さじ1

● 作り方
❶ アスパラガスとえのきは根元を切り落とす。焼き網を熱し、強火で焦げ目がつくまでさっと焼く。
❷ のりは細かくちぎり、のり酢のほかの材料と合わせる。
❸ 皿に❶を盛り、❷をかける。

カリフラワーのピクルス

145kcal
0.9g

昆布だしが酢の酸味をやわらげます。

● 材料（2人分）
カリフラワー……140g
うずらの卵……10個(100g)
a
├ 酢……大さじ6
├ カレー粉……小さじ1
├ 砂糖……大さじ2
├ 塩……小さじ ミニスプーン2
└ 昆布だし……大さじ4

● 作り方
❶ カリフラワーは小房に分けて沸騰湯で堅めにゆでる。
❷ うずらの卵は堅ゆでにし、殻をむく。
❸ 酢を除いたaの材料をなべに入れ、火にかける。煮立ったら火から下ろして酢を加え、カリフラワー、うずらの卵を加えてそのまま冷まして味をなじませる。

切り干し大根と煮干しの酢いり

153kcal
1.0g

あと1品というときの、乾物だけで作るおかず。おつまみにも。

● 材料（2人分）
切り干し大根……40g
煮干し……30g
酒……大さじ1⅓
├ しょうゆ……大さじ⅔
├ 酢……大さじ3
└ みりん……大さじ1⅓

● 作り方
❶ 切り干し大根は水につけてもどし、水けを絞ってから3〜4cm長さに切る。
❷ 煮干しは頭と腹わたを除き、縦2つに裂く。ひたひたのぬるま湯につけてもどす。
❸ ①の切り干し大根、煮干しをつけ汁ごとなべに入れ、酒を加えてひたひたになるまで水を加え、火にかける。
❹ 弱火で10分煮、しょうゆ、酢、みりんを合わせたものを加え、15〜20分煮汁が少なくなるまで煮る。

山芋のわさび酢あえ

サクサク切ってあえるだけ。わさびの辛味が好相性。

133kcal
0.2g

● 材料（2人分）
山芋･････････200g
きゅうり･････1本（100g）
わさび酢
├ 酢･････････小さ2
├ しょうゆ･････小さ½
└ 練りわさび･････少量

● 作り方
① 山芋は1.5cm角の色紙に切り、酢少量（分量外）を加えた水に放す。
② きゅうりも色紙に切る。
③ わさび酢の材料を混ぜ合わせる。
④ 山芋の水けをきり、きゅうりと合わせて③であえる。

枝豆のみぞれあえ

いつもの枝豆を甘酢味の大根おろしでドレスアップ。

93kcal
0.5g

● 材料（2人分）
枝豆･････････100g
大根･････････200g
砂糖･････････小さ1
酢･････････････小さ2
塩･････････ミニスプーン1

● 作り方
① 枝豆は洗って沸騰湯で2～3分、色よくゆでる。さやから豆を出し、薄皮を取る。
② 大根は皮をむいておろし金ですりおろし、汁けを軽く絞る。
③ 大根おろしに砂糖、酢、塩を加えて混ぜ合わせ、①の枝豆を加えてあえる。

かぼちゃサラダ

プロセスチーズとヨーグルト、乳製品でこくをプラスして。

126kcal
0.5g

● 材料（2人分）

かぼちゃ	140g
玉ねぎ	20g
塩	少量
プロセスチーズ	20g
マヨネーズ	小さじ1
プレーンヨーグルト	大さじ1
グリーンリーフレタス	2枚（20g）

● 作り方

① かぼちゃはラップをして電子レンジで2～3分、柔らかくなるまで加熱し、1～2cm角に切る。
② 玉ねぎは薄切りにし、塩をまぶす。しんなりしたら水洗いして水けをよく絞る。
③ チーズは1～2cm角に切る。
④ マヨネーズとヨーグルトを混ぜ、かぼちゃ、玉ねぎ、チーズをあえ、器にレタスを敷いて盛る。

ひじきとフルーツのサラダ

グレープフルーツの甘酸っぱさを利用したさわやかなサラダです。

77kcal
0.6g

● 材料（2人分）

ひじき	20g
グレープフルーツ	1個（200g）
きゅうり	1本（100g）
ドレッシング	
サラダ油	小さじ1
塩	ミニスプーン1
こしょう	少量

● 作り方

① ひじきは水につけてもどし、沸騰湯で約1分、さっとゆでてざるにあげ、冷めたら水けをよくきる。
② きゅうりは小口から薄切りにする。グレープフルーツは外皮と薄皮をむき、食べやすくほぐす。
③ ドレッシングの材料を混ぜ、②を加え合わせる。①のひじきを加えてあえる。

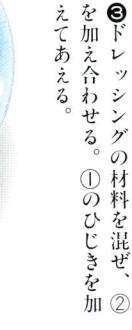

ワカサギのから揚げ弁当

Ⓐワカサギのから揚げ Ⓑ茶きん卵 Ⓒおかひじきのなめたけあえ Ⓓ野菜のレモンピクルス Ⓔプチトマト Ⓕご飯

465kcal　塩分1.4g

■材料（1人分）■

Ⓐワカサギのから揚げ
- ワカサギ……………50g
- かたくり粉……………小さじ1
- 揚げ油……………適量
- 七味とうがらし……………少量

Ⓑ茶きん卵
- 卵……………1個（50g）
- みりん・砂糖……………各小さじ½
- 塩……………少量
- 万能ねぎ……………1本（5g）

Ⓒおかひじきのなめたけあえ
- おかひじき……………40g
- なめたけ……………5g

Ⓓ野菜のレモンピクルス
- にんじん……………20g
- かぶ……………⅓個（20g）
- 漬け汁
  - レモンの搾り汁……………小さじ1
  - 砂糖……………小さじ⅓
  - 塩……………少量

Ⓔプチトマト……………3個（30g）
Ⓕご飯……………140g

作り方

Ⓐワカサギのから揚げ
① ワカサギは水けをしっかりとふき取り、かたくり粉を薄くまぶす。
② 中温の揚げ油でワカサギをパリパリになるまで揚げ、油をよくきって七味とうがらしをふる。

Ⓑ茶きん卵
① 万能ねぎは小口切りにする。
② 卵はときほぐし、みりん、砂糖、塩を加えて混ぜ合わせる。
③ ②の卵を深めの耐熱容器に流し入れ、電子レンジで約1分加熱する。とり出して箸でかき混ぜ、柔らかいいり卵状にする。
④ ③に万能ねぎを加えて混ぜる。
⑤ ラップを適当な大きさに2枚広げ、④を½量ずつのせて包み、口をきゅっとひねって閉じ、もう一度電子レンジで30秒～1分加熱し、そのまま冷ます。

Ⓒおかひじきのなめたけあえ
① おかひじきはさっとゆで、ざるにとって冷まし、水をよく絞って食べやすい長さに切る。
② おかひじきをなめたけであえる。

Ⓓ野菜のレモンピクルス
① 漬け汁のレモン汁、砂糖、塩を混ぜ合わせる。
② にんじんとかぶは8mm厚さのいちょう切りにする。
③ なべにたっぷりの湯を沸かし、まずにんじんを入れ、再び沸騰したらかぶを加える。すぐにざるにとって湯をきり、熱いうちに漬け汁に漬け、そのまま冷ます。

揚げ物は油のこくで食べます。七味とうがらしで味を引きしめます。甘めの茶きん卵で、お弁当に味のアクセントをつけて。

塩分チェック⑧ なめたけ

塩分4.3%

自然のとろみがあり、材料にくからむのであえ衣にぴったりです。材料をあえるだけであえ物ができます。商品によって塩分が違います。うす塩のものがあれば利用しましょう。

■応用献立例の3パターン■　主食＝ご飯140g・235kcal（0.0g）

	主菜	副菜①	副菜②	副菜③・果物
Ⅰ 537kcal 1.5g	ワカサギのから揚げ 105kcal（0.3g）	おかひじきのなめたけあえ 9kcal（0.3g）	[47] カリフラワーのピクルス 145kcal（0.9g）	[42] オレンジ 43kcal（0.0g）
Ⅱ 565kcal 0.9g	ワカサギのから揚げ 105kcal（0.3g）	[46] 焼きアスパラののり酢かけ 56kcal（0.2g）	[90] れんこんのきんぴら 96kcal（0.4g）	[20] 蒸しかぼちゃ 73kcal（0.0g）
Ⅲ 443kcal 2.1g	[66] イカのしょうがじょうゆ焼き 115kcal（1.5g）	おかひじきのなめたけあえ 9kcal（0.3g）	野菜のレモンピクルス 16kcal（0.3g）	[60] かぼちゃのいとこ煮 68kcal（0.0g）

51

ホタテのごまマヨネーズ焼き弁当 —— 442kcal 塩分1.1g

Ⓐホタテのごまマヨネーズ焼きⒷさつま芋のカテージチーズあえⒸきゅうりとハムのからしあえⒹご飯

■材料（1人分）■

Ⓐホタテのごまマヨネーズ焼き
- ホタテ貝柱……………4個(60g)
- かたくり粉……………少量
- すりごま………………小さじ1
- マヨネーズ……………小さじ½
- ししとうがらし………20g

Ⓑさつま芋のカテージチーズあえ
- さつま芋………………⅓本(50g)
- カテージチーズ………小さじ2

Ⓒきゅうりとハムのからしあえ
- きゅうり………………30g
- ボンレスハム…………1枚(15g)
- しょうゆ………………小さじ⅓
- 練りがらし……………少量
- レタス…………………30g

Ⓓご飯……………………140g

作り方

Ⓐホタテのごまマヨネーズ焼き
1. ししとうがらしは破裂しないように、縦に浅く切り目を入れる。
2. すりごまとマヨネーズを混ぜ合わせる。
3. ホタテの片面に、かたくり粉をひとつまみずつふりかけ、その上に②を塗る。
4. 天板にオーブンシートを敷き、ホタテとししとうがらしを並べ、オーブントースターで3～4分、焦げ目がつくまで焼く。

マヨネーズとごまを混ぜたソースはほかの魚介にも合います。つけ合わせもいっしょにオーブントースターで焼いて。そのままでもおいしいさつま芋をカテージチーズであえて、カルシウムアップ。

Ⓑさつま芋のカテージチーズあえ
1. さつま芋は皮をむいて2cm角に切り、水でさっと洗ってアクを抜く。ラップに包んで電子レンジで30秒～1分加熱して柔らかくし、冷ます。
2. カテージチーズはへらなどですりつぶしてなめらかにし、さつま芋をあえる。

Ⓒきゅうりとハムのからしあえ
1. きゅうりとハムは3～4cm長さの細切りにする。
2. しょうゆと練りがらしを混ぜ合わせる。
3. きゅうりとハムを②であえ、レタスを添える。

塩分チェック⑨ ハム

ハムはロースハムよりもエネルギーの低い、ももの部分を使ったボンレスハムがおすすめです。100gあたりロースハム196kcal、ボンレスハム118kcalで78kcalも差があります。塩分には変わりがありません。1枚の重量は約15～20g、塩分は0.4～0.6gです。塩分控えめのものもあります。

塩分2.8%

■応用献立例の3パターン■　主食＝ご飯140g・235kcal(0.0g)

	主菜	副菜①	副菜②
Ⅰ 486kcal 0.7g	ホタテのごまマヨネーズ焼き 101kcal(0.3g)	84 さつま芋の茶きん 117kcal(0.0g)	83 いんげんの梅おかかあえ 33kcal(0.4g)
Ⅱ 491kcal 1.2g	ホタテのごまマヨネーズ焼き 101kcal(0.3g)	82 れんこんのくるみみそあえ 126kcal(0.2g)	きゅうりとハムのからしあえ 29kcal(0.7g)
Ⅲ 478kcal 1.4g	103 サケの菜種焼き 137kcal(0.6g)	さつま芋のカテージチーズあえ 77kcal(0.1g)	きゅうりとハムのからしあえ 29kcal(0.7g)

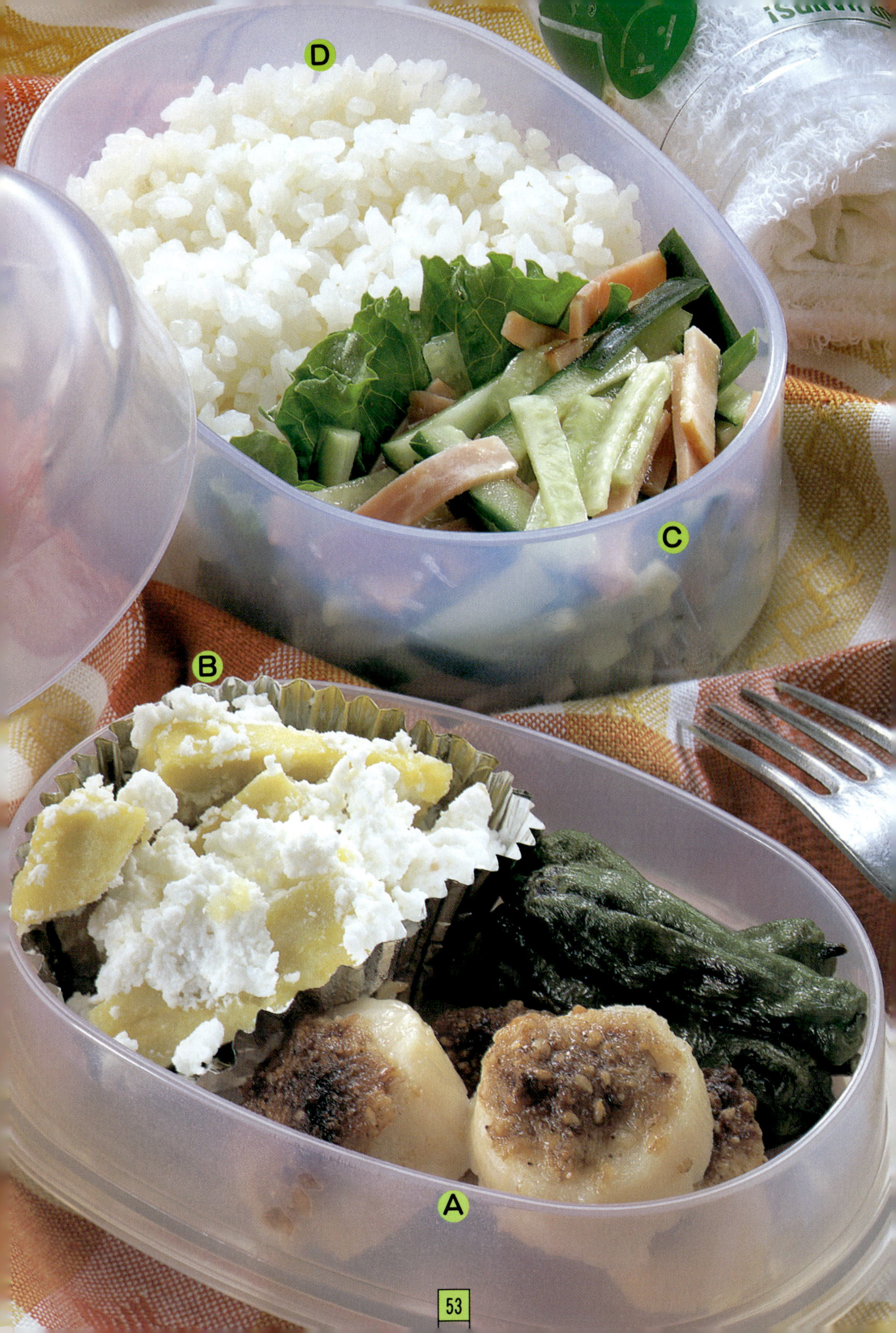
D
C
B
A

3 エビと野菜の和風マリネ弁当

Ⓐエビと野菜の和風マリネⒷうずらの卵ときゅうりの串刺しⒸ甘納豆の煮豆風Ⓓ卵巻きご飯

504 kcal　塩分 1.8g

■材料（1人分）■

Ⓐエビと野菜の和風マリネ
- エビ …………………… 60g
- 玉ねぎ ………………… 30g
- 生しいたけ …………… 3枚（30g）
- 漬け汁
  - しょうゆ・レモンの搾り汁 …… 各小さじ1
  - みりん ……………… 小さじ½
  - 削りガツオ ………… 少量
  - 水 …………………… 大さじ1

Ⓑうずらの卵ときゅうりの串刺し
- うずらの卵 …………… 3個（30g）
- きゅうり ……………… ⅓本（30g）

Ⓒ甘納豆の煮豆風
- 甘納豆 ………………… 10g

Ⓓ卵巻きご飯
- 卵 ……………………… 1個（50g）
- 砂糖 …小さじ½／塩 …少量
- サラダ油 ……………… 小さじ½
- ご飯 …………………… 140g
- 貝割れ菜 ……………… 10g
- 塩 ……………………… 少量

削りガツオの風味と、みりんの甘味がきいた和風マリネです。材料が熱いうちに漬け汁に漬けるのが味をよくしみこませるコツです。箸休めには、甘納豆を湯にくぐらせるだけで煮豆風になる簡単煮豆を。うずらの卵ときゅうりは味つけなしで食べられます。

作り方

Ⓐエビと野菜の和風マリネ
① エビは殻と背わたを除く。
② 玉ねぎはくし形に切る。しいたけは石づきを除いて4つ割りにする。
③ ボールに漬け汁の材料を混ぜ合わせる。
④ なべに湯を沸かし、まずエビをゆでてざるにとり、次に玉ねぎとしいたけを入れてさっとゆで、ざるにとって湯をよくきる。
⑤ ④が熱いうちに③の漬け汁につけ、そのまま冷まして味をよくなじませる。

Ⓑうずらの卵ときゅうりの串刺し
① なべにうずらの卵とかぶるくらいの水を入れて火にかけ、沸騰してから2～3分ゆで、すぐに水にとって冷まし、殻をむく。
② きゅうりは一口大の乱切りにする。
③ 串にうずらの卵ときゅうりを交互に刺す。

Ⓒ甘納豆の煮豆風
甘納豆は熱湯で洗って湯をきり、少し湯がついた状態でしばらくおいてしっとりさせる。
★甘納豆は好みのもので。

Ⓓ卵巻きご飯
① 貝割れ菜は細かく刻む。
② 卵をときほぐして砂糖と塩を加え混ぜる。
③ フライパンに油を熱し、②の卵液を流し入れて薄くのばし、弱火で焦がさないようにして薄焼き卵を作る。表面がかわいてきたら、そのまま裏返さないでとり出す。
④ 熱いご飯に貝割れ菜と塩を加え混ぜる。
⑤ 薄焼き卵の焼いていない面を上にして広げ、④のご飯を手前に棒状にのせてクルクルと巻く。そのまま冷まして落ちつかせ、食べやすく切る。
★冷たいご飯を使う場合には、電子レンジで温めてから。

■応用献立例の3パターン■　主食＝ご飯140g・235kcal（0.0g）

	主菜	副菜①	副菜②	
Ⅰ 489kcal 2.0g	エビと野菜の和風マリネ 79kcal(1.1g)	カリフラワーのピクルス 47 145kcal(0.9g)	甘納豆の煮豆風 30kcal(0.0g)	
Ⅱ 460kcal 1.5g	エビと野菜の和風マリネ 79kcal(1.1g)	しらたきとえのきのさっと煮 110 26kcal(0.2g)	りんごの白あえ 83 120kcal(0.2g)	
Ⅲ 528kcal 1.3g	ゆでレバーのみそ漬け 66 205kcal(1.2g)	うずらの卵ときゅうりの串刺し 58kcal(0.1g)	甘納豆の煮豆風 30kcal(0.0g)	

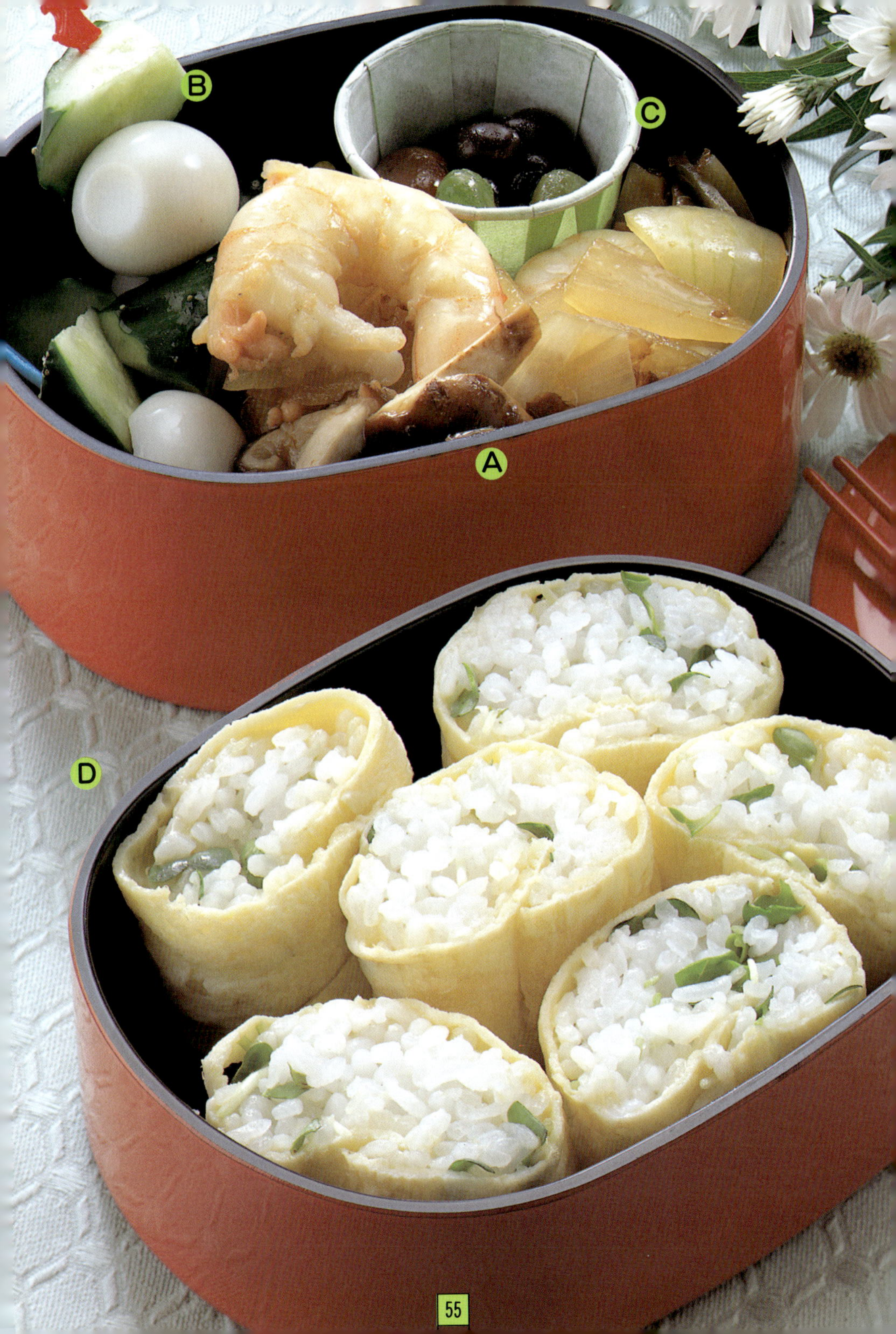
B
C
A
D

カジキの香り焼き弁当

Ⓐカジキの香り焼きⒷ竹の子とこんにゃくのいり煮ⒸにんじんのクリームチーズあえⒹご飯Ⓔキウイフルーツ

466 kcal　塩分 1.6g

■材料（1人分）

Ⓐカジキの香り焼き
- カジキ……………1切れ（60g）
- ねぎ…………………………10g
- しょうゆ・酒………各小さじ1
- 豆板醤………………………少量
- レタス………………………30g

Ⓑ竹の子とこんにゃくのいり煮
- ゆで竹の子…………………40g
- こんにゃく…………………30g
- ごま油……………………小さじ⅓
- 酒…………………………小さじ⅔
- しょうゆ・みりん…各小さじ½
- レタス………………………10g

Ⓒにんじんのクリームチーズあえ
- にんじん……………⅓本（40g）
- クリームチーズ小さじ2（10g）

Ⓓご飯………………………140g
- のり…………………………少量

Ⓔキウイフルーツ……………75g

作り方

Ⓐカジキの香り焼き
① ねぎは小口切りにし、しょうゆ、酒、豆板醤と混ぜ合わせる。
② カジキは2～3つに食べやすく切り、①をまぶして味がなじむまで5分おく。
③ 天板にオーブンシートを敷き、②のカジキを並べ、オーブントースターで焦げ目がつくまで5～6分焼く。
④ 冷ましてから、レタスを敷いて詰める。

豆板醤の辛味をピリッときかせたたれが、香ばしい焦げの風味をつけます。煮物は油でいためてから調味料を加えて表面に味をからませます。あえ物はにんじんの甘味とチーズの酸味がぴったり。

Ⓑ竹の子とこんにゃくのいり煮
① 竹の子は食べやすい大きさに切る。
② こんにゃくは小さくちぎってさっとゆで、ざるにとって湯をよくきる。
③ なべにごま油を熱し、こんにゃくと竹の子をいためる。
④ 酒、しょうゆ、みりんを加え、水分をとばすようにいりつける。
⑤ 冷ましてから、レタスを敷いて詰める。

Ⓒにんじんのクリームチーズあえ
① にんじんは3～4cm長さの短冊切りにし、耐熱容器に入れてラップをし、電子レンジで柔らかくなるまで1分加熱（またはさっとゆでる）して冷ます。
② クリームチーズは室温にもどして柔らかく練り、にんじんをあえる。

塩分チェック⑩　チーズ

- プロセスチーズ　塩分2.8%
- クリームチーズ　塩分0.7%
- カテージチーズ　塩分1.0%
- 粉チーズ　塩分3.8%

チーズには独特の風味やこく、酸味があるので、あえ衣などに使いましょう。

■応用献立例の3パターン　　主食＝ご飯140g・235kcal（0.0g）

	主菜	副菜①	副菜②
Ⅰ　475kcal　2.0g	カジキの香り焼き　101kcal（1.1g）	ほうれん草とツナのいため物　88　82kcal（0.1g）	大根とわかめのサラダ　94　57kcal（0.8g）
Ⅱ　530kcal　2.3g	カジキの香り焼き　101kcal（1.1g）	里芋の煮物　108　117kcal（0.6g）	ひじきとフルーツのサラダ　49　77kcal（0.6g）
Ⅲ　462kcal　1.1g	サケの菜種焼き　103　137kcal（0.6g）	竹の子とこんにゃくのいり煮　40kcal（0.4g）	にんじんのクリームチーズあえ　50kcal（0.1g）

57

5 和風シューマイ弁当

Ⓐ和風シューマイⒷキャベツのケチャップいためⒸさやえんどうのピーナッツソースⒹおにぎり

469 kcal　塩分 1.6 g

■材料（1人分）■

Ⓐ和風シューマイ
- 鶏ささ身ひき肉……………40g
- 玉ねぎ………………………20g
- スイートコーン缶…………10g
- 酒・しょうゆ………各小さじ1/2
- ごま油………………小さじ1/3
- シューマイの皮……………4枚
- しめじ………………1/3パック（30g）
- 塩……………………………少量

Ⓑキャベツのケチャップいため
- キャベツ……………………50g
- ホタテ貝柱水煮缶…………20g
- サラダ油……………小さじ1/2
- ケチャップ…………小さじ1

Ⓒさやえんどうのピーナッツソース
- さやえんどう………………50g
- ピーナッツソース
  - ピーナッツバター（無糖）
    ……………………小さじ1
  - 砂糖・酢……………各小さじ1/2
  - しょうゆ……………小さじ1/3

Ⓓおにぎり
- ご飯……140g／のり……少量

作り方

Ⓐ和風シューマイ
① 玉ねぎはみじん切りにする。しめじは石づきを除いて小房に分ける。
② ひき肉、玉ねぎ、酒、しょうゆを粘りが出るまでよく混ぜ合わせ、最後にごま油と、汁けをきったスイートコーンを加えて混ぜる。
③ ②を4等分し、シューマイの皮で包む。
④ 皿に③としめじを並べ、水をふりかけてラップをし、電子レンジで約1分加熱する。とり出して、しめじには塩をふる。

Ⓑキャベツのケチャップいため
① キャベツは3cm角に切る。
② ホタテは汁けをきる。
③ フライパンに油を熱してキャベツをいため、しんなりしてきたらホタテとケチャップを加えていため合わせる。

Ⓒさやえんどうのピーナッツソース
① さやえんどうはさっとゆで、ざるにとって湯をきる。
② ピーナッツソースの材料を混ぜ合わせ、さやえんどうにかける。焦げつきそうなら、水を加える。あえてもよい。

Ⓓおにぎり
ご飯は2等分してにぎり、のりを巻く。

シューマイは具に味がついているので、余分なしょうゆなどはつけません。しめじもいっしょに蒸して時間を節約。ピーナッツソースは濃度があるので、材料によくからんで、水けも出ないのでお弁当向き。おにぎりは塩なしで。

★油が少なくて焦げやすいので、最後にごま油と、汁けをきったスイートコーンを加えて混ぜる。

塩分チェック⑪ ピーナッツバター

脂肪分が多いのでこくがあります。調味料を加えてのばせば簡単にあえ衣ができます。無糖のものをあえ衣に使いましょう。なければ砂糖の量を控えて。無塩のものもあります。

塩分0.9％

■応用献立例の3パターン■　主食＝おにぎり235kcal（0.0g）

		主菜		副菜①		副菜②
Ⅰ	483kcal 1.9g	和風シューマイ 114kcal(0.8g)	85	じゃが芋のケチャップ焼き 111kcal(0.5g)	118	セロリとわかめのいり煮 23kcal(0.6g)
Ⅱ	564kcal 1.1g	和風シューマイ 114kcal(0.8g)	88	ほうれん草とツナのいため物 82kcal(0.1g)	48	山芋のわさび酢あえ 133kcal(0.2g)
Ⅲ	533kcal 1.3g	しめじ入りつくね焼き 178kcal(0.5g)	67	キャベツのケチャップいため 56kcal(0.4g)		さやえんどうのピーナッツソース 64kcal(0.4g)

A

B

C

D

59

はんぺん入りつくね焼き弁当

459 kcal　塩分 0.5g

■材料（1人分）■

Ⓐはんぺん入りつくね焼き
- 豚赤身ひき肉……………50g
- はんぺん…………………20g
- 酒・かたくり粉………各小さじ½
- のり………………2cm角8枚
- ピーマン…………1個（30g）
- サラダ油………………小さじ⅓

Ⓑかぼちゃのいとこ煮
- かぼちゃ…………………50g
- ゆで小豆（缶詰）…………10g

Ⓒ小松菜のチーズサラダ
- 小松菜……………………70g
- チーズドレッシング
  - ┌ 粉チーズ………小さじ1½
  - └ レモンの搾り汁・サラダ油
  -　　　　　　　　各小さじ½

Ⓓご飯
- ご飯………………………140g
- いり黒ごま………………少量

作り方

Ⓐはんぺん入りつくね焼き
① ピーマンは種を除いて縦に4つ割りにする。
② ひき肉は冷蔵庫から出し、冷たいうちによく練り混ぜ、粘りを出す。
③ はんぺんを手でつぶしながら加え、酒、かたくり粉を加えてなめらかになるまでよく混ぜ合わせる。4等分して丸く形作り、それぞれのりを両面にはる。
④ フライパンに油を熱し、③を入れて両面を焼く。あいているところでピーマンをいためる。

Ⓑかぼちゃのいとこ煮
① かぼちゃは食べやすく2cm角に切る。
② 耐熱容器にかぼちゃを入れてラップをし、電子レンジで1分加熱する。
③ ②のかぼちゃが熱いうちに小豆を加え混ぜ、冷ます。

Ⓒ小松菜のチーズサラダ
① 小松菜はさっとゆでてざるにとって冷まし、水けを絞って3cm長さに切る。
② 粉チーズ、レモン汁、サラダ油を混ぜ合わせてドレッシングを作る。
③ 小松菜を②のチーズドレッシングであえる。

つくね焼きのはんぺんとひき肉はなめらかになるまでよく混ぜて。はんぺんには塩分があるので、加える塩分はその分控えます。かぼちゃのいとこ煮は材料を合わせてレンジで加熱するだけ。小松菜は粉チーズであえた変わりあえ物に。一度ためしてみてください。

塩分チェック⑫　はんぺん
魚介の練り製品には塩分が多く含まれます。そのまま食べるのではなく、ほかの材料としょうずに組み合わせましょう。1枚で約60g。

塩分1.5%

■応用献立例の3パターン■　主食＝ごまご飯140g・238kcal（0.0g）

	主菜	副菜①	副菜②
Ⅰ 479kcal 1.1g	はんぺん入りつくね焼き 110kcal（0.4g）	れんこんのきんぴら 90 96kcal（0.4g）	クレソンのサラダ 84 35kcal（0.3g）
Ⅱ 514kcal 1.2g	はんぺん入りつくね焼き 110kcal（0.4g）	かぼちゃサラダ 49 126kcal（0.5g）	かぶのとろろ昆布あえ 96 40kcal（0.3g）
Ⅲ 549kcal 0.8g	ひき肉と野菜のまとめ焼き 98 200kcal（0.7g）	かぼちゃのいとこ煮 68kcal（0.0g）	小松菜のチーズサラダ 43kcal（0.1g）

61

7 蒸し豚の甘酢しょうがからめ弁当 468kcal 塩分1.9g

Ⓐ蒸し豚の甘酢しょうがからめⒷじゃが芋の白煮ⒸえのきのおかかじょうゆあえⒹゆでそら豆Ⓔ焼きおにぎり

漬物を調味料代わりに使った手軽にできる主菜。焼きおにぎりは表面がかわくまで焼いてからしょうゆを塗ると、余分なしょうゆがしみ込みません。しょうゆの焦げた風味が食欲をそそります。塩でにぎるより塩分を節約できます。

■材料（1人分）■

Ⓐ蒸し豚の甘酢しょうがからめ
- 豚赤身しゃぶしゃぶ用肉……60g
- 酒……小さじ1
- 甘酢しょうが……20g
- 青じそ……2枚

Ⓑじゃが芋の白煮
- じゃが芋……小1個（70g）
- だし……1/4カップ
- みりん・酒……各小さじ1/2
- 塩……ミニ1/2
- 青のり……少量

Ⓒえのきのおかかじょうゆあえ
- えのきだけ……1/2パック（50g）
- しょうゆ……小さじ1/3
- 削りガツオ……少量

Ⓓゆでそら豆
- そら豆……50g

Ⓔ焼きおにぎり
- ご飯……140g
- しょうゆ・みりん・各小さじ1/2

作り方

Ⓐ蒸し豚の甘酢しょうがからめ
① 豚肉に酒をまぶし、耐熱皿に広げる。ラップをして電子レンジで1～2分加熱し、冷ます。
② 豚肉を食べやすい大きさに切り、甘酢しょうがとあえる。青じそを敷いて詰める。

Ⓑじゃが芋の白煮
① じゃが芋は3cm角に切り、水でさっと洗う。
② なべにじゃが芋とだしを入れて火にかけ、煮立ったら弱火で煮る。
③ みりん、塩、酒を混ぜ合わせる。
④ ②の煮汁が少し残るぐらいまで汁けがとんだら、③を加えて煮にとばす。最後に強火にして水分を完全にとばす。最後に青のりをふる。

Ⓒえのきのおかかじょうゆあえ
① えのきは石づきを除き、長さを3等分してほぐし、ラップに包んで電子レンジで30秒加熱する。
② しょうゆと削りガツオを混ぜる。

Ⓓゆでそら豆
そら豆はたっぷりの湯でゆでる。

Ⓔ焼きおにぎり
① ご飯は2等分してにぎる。
② 天板にオーブンシートを敷いて①を並べ、オーブントースターで表面がかわくまで両面を焼く。
③ しょうゆとみりんを混ぜ合わせ、②にさっと塗って再び両面を焼く。

塩分チェック⑬ 甘酢しょうが

甘酢に漬けたしょうがです。調味料代わりに使いましょう。酸味と、ほんのりピンク色が料理に映えます。うす塩のものを選びましょう。

塩分3.0%

■応用献立例の3パターン■ 主食＝焼きおにぎり244kcal（0.4g）

	主菜	副菜①	副菜②	副菜③・果物
Ⅰ 509kcal 2.4g	蒸し豚の甘酢しょうがからめ 93kcal（0.7g）	114 長芋の含め煮 92kcal（1.1g）	110 しらたきとえのきのさっと煮 26kcal（0.2g）	ゆでそら豆 54kcal（0.0g）
Ⅱ 556kcal 2.2g	蒸し豚の甘酢しょうがからめ 93kcal（0.7g）	108 里芋の煮物 117kcal（0.6g）	112 ひじき入りサラダ 62kcal（0.5g）	56 キウイフルーツ 40kcal（0.0g）
Ⅲ 548kcal 1.6g	101 蒸し豚のねぎだれ添え 173kcal（0.4g）	じゃが芋の白煮 65kcal（0.5g）	えのきのおかかじょうゆあえ 12kcal（0.3g）	ゆでそら豆 54kcal（0.0g）

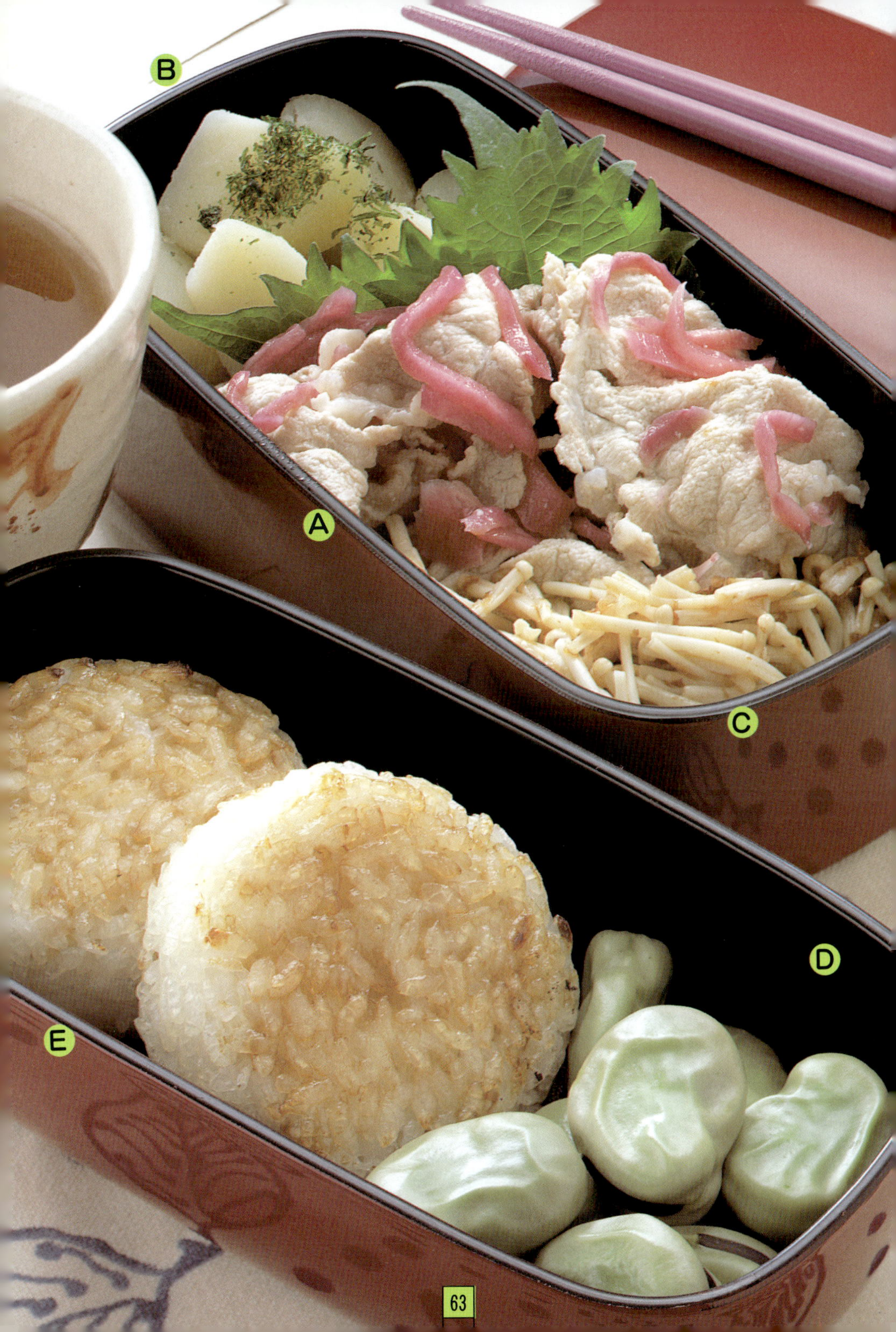
B
A
C
D
E

牛肉とねぎのピリッと煮弁当

Ⓐ牛肉とねぎのピリッと煮Ⓑブロッコリーのチーズ焼きⒸにんじんのオレンジ煮Ⓓご飯

457 kcal
塩分 1.4g

牛肉の煮汁に赤とうがらしを加えて辛味をプラスします。副菜のにんじんのオレンジ煮は変わった組み合わせですが、彩りがきれいに仕上がり、オレンジの酸味がさわやかな一品です。

■材料（1人分）■

Ⓐ牛肉とねぎのピリッと煮
- 牛赤身薄切り肉…………50g
- ねぎ…………小1本（70g）
- 干ししいたけ2〜3枚（5g）
- 赤とうがらし（種を除く）1本
- しょうがの薄切り………少量
- 干ししいたけのもどし汁＋だし…………………1/2カップ
- 酒・砂糖・しょうゆ…各小さじ1

Ⓑブロッコリーのチーズ焼き
- ブロッコリー……………60g
- 溶けるチーズ……………10g

Ⓒにんじんのオレンジ煮
- にんじん………1/3本（40g）
- オレンジ…………………30g
- 砂糖………………小さじ1/2
- 顆粒ブイヨン……………少量

Ⓓご飯…………………140g
- いり黒ごま………………少量

作り方

Ⓐ牛肉とねぎのピリッと煮

1. 干ししいたけはぬるま湯につけてもどし（もどし汁はとっておく）、水けを絞って石づきを除き、薄切りにする。
2. ねぎは斜め薄切りにする。
3. 牛肉は食べやすい大きさに切る。
4. なべにもどし汁＋だし1/2カップ、しょうがの薄切り、酒、砂糖、しょうゆ、赤とうがらしを入れて煮立て、牛肉を入れてほぐしながら煮る。
5. 牛肉が煮えたらとり出し、残りのもどし汁＋だしを加え、ねぎとしいたけを入れて弱火で煮汁がほとんどなくなるまで煮る。

Ⓑブロッコリーのチーズ焼き

1. ブロッコリーは小房に分けて堅めにゆで、ざるにとって湯をよくきる。
2. 耐熱容器にブロッコリーを並べ、チーズを散らしてオーブントースターでチーズが溶けるまで3〜4分焼く。

Ⓒにんじんのオレンジ煮

1. にんじんは小さめの乱切りにする。オレンジは薄皮を除いて1房を半分にする。
2. なべににんじん、砂糖、ブイヨン、ひたひたの湯を入れて火にかけ、弱火で煮る。
3. にんじんが八分どおり煮えたら、オレンジを加えてひと煮する。

辛味をきかせる② 香辛料

七味とうがらし
赤とうがらし
カレー粉
チリパウダー

辛味は控えめの塩味にアクセントをつけます。カレー粉はいろいろな香辛料をミックスしてあって、少し加えるだけでカレー風味の料理になる便利な香辛料。味に深みが出ます。

■応用献立例の3パターン■ 主食＝ごまご飯140g・238kcal（0.0g）

	主菜	副菜①	副菜②	果物
Ⅰ 482kcal 1.1g	牛肉とねぎのピリッと煮 126kcal(1.0g)	ほうれん草とツナのいため物 [88] 82kcal(0.1g)		パイナップル [34] 36kcal(0.0g)
Ⅱ 536kcal 2.0g	牛肉とねぎのピリッと煮 126kcal(1.0g)	モロヘイヤのごまがらしあえ [116] 56kcal(0.2g)	りんごとセロリのサラダ [110] 116kcal(0.8g)	
Ⅲ 599kcal 1.1g	蒸し里芋の牛肉巻き [66] 268kcal(0.7g)	ブロッコリーのチーズ焼き 54kcal(0.3g)	にんじんのオレンジ煮 39kcal(0.1g)	

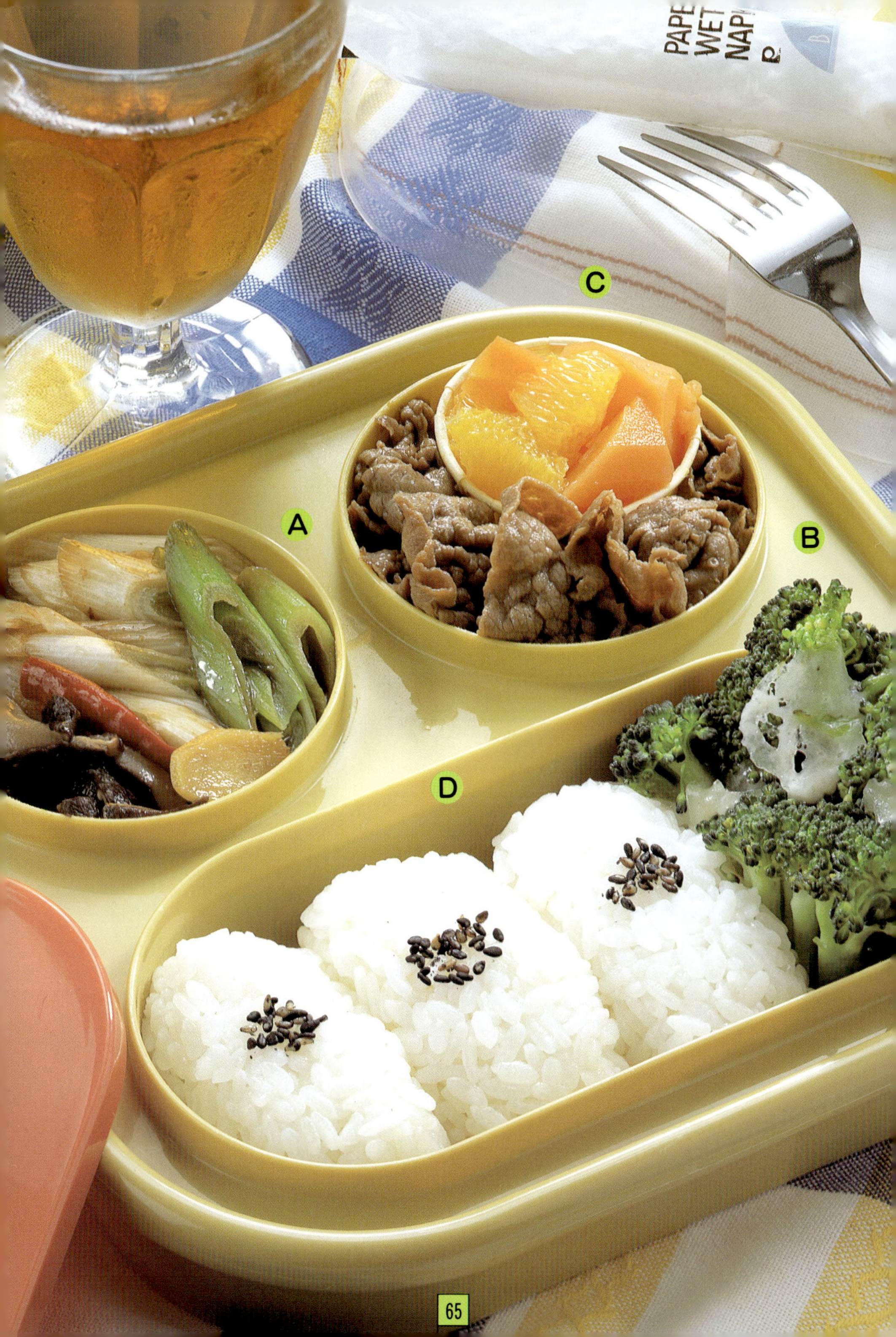
C
A
B
D

お弁当に合う主菜

つけ合わせも同時に調理して時間を省きます。冷めてもおいしいお弁当向きの主菜です。

蒸し里芋の牛肉巻き

268kcal
0.7g

冷めてもおいしい甘辛味。牛肉のうま味が生きています。

● 材料 (2人分)
- 里芋……8個 (200g)
- 牛もも薄切り肉……8枚 (160g)
- サラダ油……小さじ2
- 酒……大さじ1⅓

ゆでレバーのみそ漬け

205kcal
1.2g

白みその上品な香りと素材の歯ごたえを楽しんで。

● 材料 (2人分)
- 鶏レバー……200g
- しょうがの薄切り……2〜3枚
- ねぎの青い部分……5cm
- セロリ……1本 (100g)
- 大根……1本 (100g)
- にんじん……½本 (60g)
- みそ床
  - 白みそ……大さじ6
  - みりん……大さじ4
  - 酒……大さじ2

● 作り方
1. レバーは水洗いして汚れを取る。
2. なべに水2カップ、しょうがとねぎを入れて火にかけ、煮立ったらレバーを入れて15〜20分ゆでる。
3. みそ床の材料を合わせる。
4. ②のレバーの水けをふき取り、③のみそ床に漬ける。
5. セロリ、大根、にんじんはそれぞれ3〜4cm長さの棒状に切り、③のみそ床に15分ほど漬ける。
6. レバーと野菜はみそをよくふき取り、レバーは食べやすく切る。

★ 前の晩につけておくとよい。

イカのしょうがじょうゆ焼き

115kcal
1.5g

しょうがの香りをアクセントに。直火焼きでエネルギーも控えめ。

● 材料 (2人分)
- イカ……1ぱい (200g)
- a
  - しょうゆ・みりん・酒・しょうがの搾り汁……各小さじ2
- 生しいたけ……80g

● 作り方
1. イカはわたを除いて皮をむき、斜めに細かく切り目を入れる。胴、足ともに食べやすく切る。
2. aの材料を合わせたたれに①のイカを20〜30分漬け込む。
3. 生しいたけは軸を除き、表面にイカの漬け汁をさっと塗る。
4. イカの汁けをふき取り、生しいたけとともに焼き網で香ばしく焼く。

a ┬ みりん‥‥‥‥‥小さじ2
　└ しょうゆ‥‥‥小さじ1⅓

● 作り方
❶ 里芋は泥を洗い落とし、水けをふいてから耐熱容器に入れ、ラップをして電子レンジで2～3分加熱する。竹串がスッと刺さる程度に。
❷ 里芋の皮をつるりとむいて冷まし、牛肉をまわりに巻きつける。
❸ aの材料を合わせる。
❹ フライパンに油を熱し、❷を巻き終わりから焼きつける。転がしながら全体に焼き色をつけ、❸のたれを加えて煮からめる。

しめじ入りつくね焼き

178kcal
0.5g

つくねの表面に味をからめて集中させる。塩分を控えるコツです。

● 材料（2人分）
鶏ささ身ひき肉‥‥‥‥160g
卵‥‥‥‥‥‥‥‥‥½個(25g)
かたくり粉‥‥‥‥‥‥小さじ2
しめじ‥‥‥‥‥‥2パック(160g)
酒‥‥‥‥‥‥‥‥‥小さじ2
かたくり粉‥‥‥‥‥‥少量
サラダ油‥‥‥‥‥‥‥少量
みりん‥‥‥‥‥‥‥小さじ⅔
しょうゆ‥‥‥‥‥‥小さじ1
青じそ‥‥‥‥‥‥‥‥4枚

● 作り方
❶ しめじは石づきを除いてざく切りにし、耐熱皿にのせて酒をふる。ラップをして電子レンジで約2分加熱し、冷めたら汁けをよくきる。
❷ みりんとしょうゆを合わせる。
❸ ひき肉、卵、かたくり粉を混ぜ合わせ、❶のしめじを加える。
❹ ❸を4等分し、平たい丸に形を整え、表面にかたくり粉をまぶす。
❺ フライパンに油を熱し、❹を並べ、強火で両面に焼き色をつける。❷のたれを加え、煮詰めてつくねに味をからませる。
❻ 器に青じそを敷いて❺を盛る。

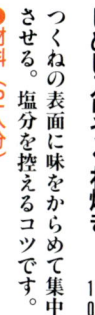

9 梅そうめん献立

Ⓐ梅そうめん Ⓑひき肉と切り干し大根入り卵焼き Ⓒなすといんげんのさっと煮

403 kcal　塩分 2.1g

■材料（1人分）■

Ⓐ梅そうめん
- そうめん（乾）……50g
- 鶏ささ身……50g
- 酒……小さじ½
- 貝割れ菜……30g
- 梅干し……小½個（2g）
- つゆ
  - だし……大さじ4
  - みりん……小さじ2
  - しょうゆ……小さじ1½

Ⓑひき肉と切り干し大根入り卵焼き
- 豚赤身ひき肉……15g
- 切り干し大根……3g
- 卵……½個（25g）
- 酒……小さじ½／塩……少量
- サラダ油……小さじ½

Ⓒなすといんげんのさっと煮
- なす……½個（40g）
- さやいんげん……1本（10g）
- サラダ油……小さじ⅓
- だし……40cc
- しょうゆ　小さじ⅓／酒　小さじ⅔

作り方

Ⓐ梅そうめん
① だし、みりん、しょうゆを合わせて煮立て、冷ます。
② ささ身は耐熱皿にのせて酒をふり、ラップをして電子レンジで30秒～1分加熱し、細く裂く。
③ 貝割れ菜は長さを半分にする。梅干しは種を除き、細かくたたく。
④ そうめんはたっぷりの熱湯でゆで、ざるにとって流水でもみ洗いし、水けをよくきる。
⑤ 器に貝割れ菜を敷いてそうめんとささ身を盛り、梅肉をのせて、つゆをかける。

梅肉は全体をよく混ぜて食べます。梅肉の酸味がさわやかです。つゆは食べる直前にかけて余分なつゆをめんが吸わないようにします。つゆは半分残すつもりで食べましょう。

応用 ささ身の代わりにツナ缶、ホタテ缶、ゆでたエビなど。貝割れ菜の代わりにきゅうりのせん切り、ゆでたもやしなど。

Ⓑひき肉と切り干し大根入り卵焼き
① 切り干し大根は水でもどし、水けをよく絞って食べやすく切る。
② 卵をときほぐし、ひき肉と切り干し大根、酒、塩を加えてよく混ぜ合わせる。
③ フライパンに油を熱して②の卵液を流し入れて焼く。裏返してカリッとするぐらいまで焼き、食べやすく切る。

Ⓒなすといんげんのさっと煮
① なすは一口大に切り、水にさらしてアクを抜き、水けをきる。いんげんは長さを2～3等分する。
② なべに油を熱してなすをいため、しんなりしたらいんげんを加え、いためる。
③ だしを加えて弱火で柔らかくなるまで煮、しょうゆと酒を加えて煮汁がほとんどなくなるまで煮る。

塩分チェック⑭ そうめん

乾めんに含まれる塩分は、ゆでると減ります。22gでで約80kcal。1食あたり50g（178kcal）が目安。

塩分0.8%
➡ゆで（重量3倍）塩分0.1%

■応用献立例の3パターン■

	主食	主菜	果物
Ⅰ 455kcal 2.1g	梅そうめん 288kcal(1.4g)	ゆで卵とほうれん草のサラダ [31] 127kcal(0.7g)	キウイフルーツ [56] 40kcal(0.0g)
Ⅱ 413kcal 1.9g	梅そうめん 288kcal(1.4g)	温泉卵 [14] 89kcal(0.5g)	パイナップル [34] 36kcal(0.0g)
Ⅲ 446kcal 2.0g	梅そうめん 288kcal(1.4g)	卵のココット [16] 115kcal(0.6g)	オレンジ [42] 43kcal(0.0g)

69

大根そば献立

Ⓐ大根そばⒷ野菜の卵とじⒸグレープフルーツ

364 kcal
塩分 2.5g

■材料（1人分）■

Ⓐ大根そば
- そば（乾）……………50g
- 大根……………………100g
- つけ汁
  - だし……………⅓カップ
  - しょうゆ・みりん 各大さじ1
- 薬味
  - ねぎの小口切り………10g
  - 練りわさび……………少量

Ⓑ野菜の卵とじ
- トウミョウ*……………60g
- プチトマト………3個（30g）
- サラダ油……………小さじ1
- 塩………………ミニさじ½
- 卵………………1個（50g）

*中国野菜。えんどうの若い茎と葉。なければ青菜で。

Ⓒグレープフルーツ
- ……………大¼個（60g）

作り方

Ⓐ大根そば
❶なべにつけ汁のだし、しょうゆ、みりんを合わせて火にかけて煮立て、火から下ろして冷ます。
❷そばはたっぷりの熱湯でゆでてざるにとり、流水で洗って水けをよくきる。
❸大根は5～6cm長さのせん切りにし、水に放してパリッとさせ、すぐに水けをきる。
❹そばと大根を合わせて器に盛り、薬味とつけ汁を添える。

応用 大根はそばといっしょに軽くゆでたり、すりおろしてそばにのせたりしても。大根のほかにかぶの薄切り、玉ねぎの薄切りでも。

Ⓑ野菜の卵とじ
❶トウミョウは食べやすく切る。プチトマトは2～4つに切る。
❷なべに油を熱し、塩を入れてからトウミョウを加え、強火でさっといためる。
❸プチトマトを加えていため合わせ、ときほぐした卵を流し入れ、全体を軽く混ぜて火を止める。

★熱した油に塩を入れてから材料をいためると、材料全体に味がよくまわる。

そばの量が少ないので、せん切りの大根で量を増やします。そばはつけ汁にたっぷりつけないで控えめにつけ、残すようにします。香りと辛味のある薬味は減塩の効果大。

塩分チェック⑮

そば
干しそばに含まれる塩分はゆでる段階で抜けます。23gで約80kcal。1食あたり50gが目安。めんつゆは、少しめんどうでも手作りしましょう。塩分がわかって安心です。既製のめんつゆを利用するときは、表示よりうすめにのばして使います。ストレートタイプも水でうすめて。

- そば 塩分0.5%
- ➡ゆで（重量2.5倍）塩分0.1%
- めんつゆ（既製） 塩分約3%

■応用献立例の3パターン■

		主食	主菜	果物	
Ⅰ	384kcal 2.5g	大根そば 200kcal(1.8g)	野菜の卵とじ 70 141kcal(0.7g)	オレンジ 42 43kcal(0.0g)	
Ⅱ	355kcal 2.4g	大根そば 200kcal(1.8g)	卵のココット 16 115kcal(0.6g)	キウイフルーツ 56 40kcal(0.0g)	
Ⅲ	363kcal 2.5g	大根そば 200kcal(1.8g)	ゆで卵とほうれん草のサラダ 31 127kcal(0.7g)	パイナップル 34 36kcal(0.0g)	

A

B

C

アサリ入り和風スパゲティ献立

Ⓐアサリ入り和風スパゲティ Ⓑスティックサラダ

390 kcal
塩分 2.2g

アサリのうま味が溶け出したスープで食べる和風スパゲティ。しょうがを添えて味を引きしめます。スティックサラダは野菜を氷水につけてパリッとさせ、歯切れをよくするのがコツ。ソースはたっぷりつけるのではなく、ちょっとずつつけて食べます。

■材料（1人分）

Ⓐアサリ入り和風スパゲティ
- スパゲティ（細めのもの・乾）…………………70g
- アサリ……殻つき150g（正味60g）
- えのきだけ………½パック（50g）
- まいたけ…………………50g
- だし………………………1カップ
- 酒…………………………小さじ2
- みりん……………………小さじ1
- しょうゆ…………………小さじ½
- おろししょうが…………少量

Ⓑスティックサラダ
- きゅうり…………½本（50g）
- セロリ……………½本（40g）
- にんじん…………⅓本（40g）
- マヨネーズソース
  - みそ………………小さじ½
  - マヨネーズ………小さじ1
  - 牛乳………………小さじ2

作り方

Ⓐアサリ入り和風スパゲティ

❶アサリは砂抜きし、殻をこすり合わせるようにしてよく洗う。

❷えのき、まいたけは石づきを除いて小房に分ける。

❸なべにだしを煮立て、えのきとまいたけを入れて弱火で煮る。

❹きのこがしんなりしたらアサリを加え、アサリの口が開くまで火を通す。酒、みりん、しょうゆで調味する。

❺スパゲティはたっぷりの熱湯で堅めにゆで、湯をよくきって④に加えてさっと煮る。器に盛っておろししょうがをのせる。

応用 アサリの代わりにハマグリ、ホタテ缶、シーフードミックスなど。きのこはほかに生しいたけ、しめじ、マッシュルームなどで。

Ⓑスティックサラダ

❶野菜は10cm長さのスティック状に切り、氷水に放す。

❷マヨネーズソースの材料を混ぜ合わせる。

❸野菜の水けをきり、ソースをつけながら食べる。

塩分チェック⑯ スパゲティ

塩分を含まないスパゲティをゆでるときには、ゆで湯に塩を加えます。うすい塩味をつけたり、コシを強くするためですが、余分な塩分を吸収させないために、塩分制限をする間は使わないようにしましょう。21gで約80kcal。1食あたり50〜70g（189〜265kcal）が目安。

- 塩分0g
- ➡ゆで重量2.5倍

■応用献立例の3パターン■

		主食	副菜		
Ⅰ	430kcal 2.5g	アサリ入り和風スパゲティ 314kcal(1.7g)	りんごとセロリのサラダ [110] 116kcal(0.8g)		
Ⅱ	375kcal 2.2g	アサリ入り和風スパゲティ 314kcal(1.7g)	湯通しレタスのサラダ [104] 61kcal(0.5g)		
Ⅲ	372kcal 2.0g	アサリ入り和風スパゲティ 314kcal(1.7g)	コールスローサラダ [22] 58kcal(0.3g)		

Ⓐ

Ⓑ

73

12 タンタンめん献立

Ⓐタンタンめん Ⓑ白菜とりんごのサラダ

508 kcal 塩分 2.1g

■材料（1人分）■

Ⓐタンタンめん
- 豚赤身ひき肉……………40g
- にんじん・ゆで竹の子 各30g
- にんにく…少量／ねぎ…30g
- 干しエビ……………………3g
- 赤とうがらし（種を除く）¼本
- サラダ油………………小さじ2
- 干しエビのもどし汁＋水
  　　　　　　　　　　…½カップ
- 中華スープのもと………小さじ⅓
- 酒…………………………大さじ1
- みそ………………………大さじ½
- 砂糖………………………小さじ1
- ｛ かたくり粉……………小さじ1
- 　 水………………………小さじ2
- ｛ 中華めん（生）…………60g
- 　 ごま油…………………小さじ½

Ⓑ白菜とりんごのサラダ
- ｛ 白菜………2枚（200g）
- 　 塩…………………ミニ½
- りんご……………⅕個（50g）
- ドレッシング
- ｛ 酢・サラダ油……各小さじ1
- 　 こしょう………………少量

作り方

Ⓐタンタンめん
① 干しエビはひたひたの湯につけてもどし（もどし汁はとっておく）、細かく刻む。
② にんじん、竹の子、にんにく、ねぎはそれぞれみじん切りにする。
③ フライパンに油を熱し、にんにくとねぎをいため、ひき肉を加えてほぐしながら充分にいためる。
④ ③にスープのもと、もどし汁＋水、干しエビ、にんじん、竹の子、とうがらし、酒を加えて混ぜ、弱火で5〜10分煮る。
⑤ みそ、砂糖で味を調え、水で溶いたかたくり粉でとろみをつける。
⑥ めんはゆでて水洗いし、水けをよくきってごま油をまぶす。器に盛って⑤をかける。

応用 具の材料に、干ししいたけ、ピーマン、じゃが芋、グリーンピース、きくらげ、さやいんげんなどでも。めんを変えてもおいしい。

Ⓑ白菜とりんごのサラダ
① 白菜は細く切って塩をまぶし、しんなりしたら汁けをよく絞る。
② りんごは薄くいちょうに切る。
③ ドレッシングの材料を混ぜ合わせ、白菜とりんごをあえる。

めんにかける具はかたくり粉でとろみをつけ、めんにからみやすくします。サラダの白菜を塩もみするので、ドレッシングには塩は入れません。りんごも褐変防止の塩水にはつけません。

塩分チェック⑰ 中華めん

中華めんを作るときには、塩を加えて練り、コシを強くしてあります。ゆでると塩分はほとんどなくなります。蒸し中華めんの塩分は0.4％。そのまま使えますが、さっと湯に通して使いましょう。

中華めん（生）塩分1.0%
➡ゆで（重量1.8倍）塩分0%

■応用献立例の3パターン■

	主食		副菜	
Ⅰ 471kcal 2.6g	タンタンめん	414kcal(1.8g)	大根とわかめのサラダ 94	57kcal(0.8g)
Ⅱ 449kcal 2.1g	タンタンめん	414kcal(1.8g)	クレソンのサラダ 84	35kcal(0.3g)
Ⅲ 462kcal 1.8g	タンタンめん	414kcal(1.8g)	プチトマトのサラダ 28	48kcal(0.0g)

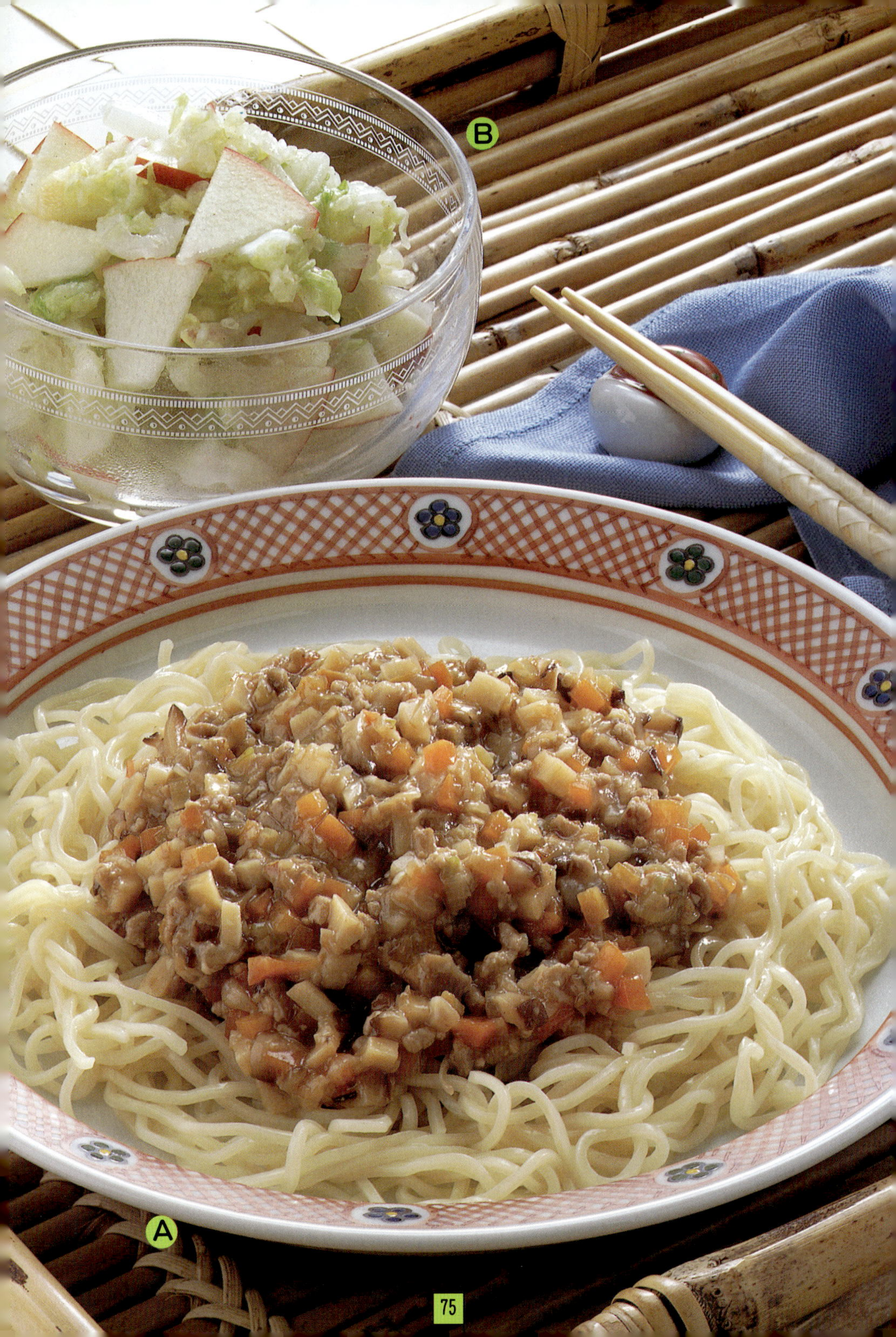
B
A

13 焼きうどん献立

Ⓐ焼きうどん Ⓑ蒸しなす

403 kcal　塩分 2.0g

■材料(1人分)■

Ⓐ焼きうどん
- ゆでうどん……………160g
- しょうゆ……………小さじ1
- エビ……………………30g
- イカ……………………50g
- キャベツ………………100g
- にんじん………………30g
- 玉ねぎ……………¼個(50g)
- サラダ油……………小さじ2
- 青のり…………………少量

Ⓑ蒸しなす
- なす……………大2個(130g)
- みょうが………½個(5g)
- 酢………………小さじ1
- 砂糖……………小さじ⅓
- 塩………………少量

作り方

Ⓐ焼きうどん
❶ エビは殻と背わたを除く。イカは細く切る。ともにさっとゆでる。
❷ キャベツは一口大に切る。にんじんは3cm長さの短冊切りにし、玉ねぎは薄切りにする。キャベツとにんじんはごくさっとゆでる。
❸ うどんは軽くゆでこぼし、湯をよくきってしょうゆをまぶす。うどんにしょうゆをからめてからいためると、少ないしょうゆでも全体に味が行きわたります。蒸しなすは電子レンジですぐできるので時間のないときにおすすめ。
❹ フライパンに油小さじ1を熱してうどんをいため、焼き色がついたらとり出す。
❺ ❹のフライパンに残りの油を熱し、キャベツ、エビ、にんじんをいため、玉ねぎ、エビ、イカを加える。うどんを戻し入れていため合わせ、器に盛って青のりをふる。

応用 具の材料に豚肉、牛肉、鶏肉、シーフード、ピーマン、さやえんどう、ねぎ、青梗菜など好みで。

Ⓑ蒸しなす
❶ なすは縦半分に切り、水にさらしてアクを抜く。水けをふき取ってラップに包んで電子レンジで約1分加熱し、水にとって冷ます。
❷ みょうがは小口切りにし、酢、砂糖を加えよく混ぜる。
❸ なすは水けをよく絞り、斜め1cm幅に切り、❷をかける。

塩分チェック⑱ ゆでうどん

ふだんよく使う袋入りのゆでうどんにはほとんど塩分がありませんが、さっと湯通ししてから使いましょう。乾燥のうどんは塩分4.3%→ゆで(重量3倍)塩分0.4%、生のうどんは塩分2.5%→ゆで(重量2.5倍)塩分0.1%。

ゆでうどん　塩分0.1%

■応用献立例の3パターン■

		主食	副菜		
Ⅰ	552kcal 2.1g	焼きうどん 368kcal(1.8g)	金時豆のオクラ酢かけ ㊻ 184kcal(0.3g)		
Ⅱ	501kcal 2.0g	焼きうどん 368kcal(1.8g)	山芋のわさび酢あえ ㊽ 133kcal(0.2g)		
Ⅲ	461kcal 2.3g	焼きうどん 368kcal(1.8g)	枝豆のみぞれあえ ㊽ 93kcal(0.5g)		

A

B

77

和風チャーハン献立

Ⓐ和風チャーハンⒷ切り昆布の酢の物Ⓒ塌菜(タアサイ)のミルクスープ

474 kcal 塩分 2.3g

■材料(1人分)

Ⓐ和風チャーハン
- ご飯　110g
- 卵　½個(25g)
- 万能ねぎ・レタス　各50g
- 桜エビ　3g
- サラダ油　小さじ2
- しょうゆ　小さじ½
- いり白ごま　小さじ⅓
- 削りガツオ　少量

Ⓑ切り昆布の酢の物
- 切り昆布　10g
- きゅうり⅓本(30g)／麸2g
- a ┌ 酢・だし　各小さじ1
    ├ 砂糖　小さじ½
    └ しょうゆ　小さじ⅓

Ⓒ塌菜のミルクスープ
- 塌菜　50g
- マッシュルーム　50g
- 牛乳　120mℓ
- 中華スープのもと　小さじ⅓
- 塩　小さじ½／こしょう　少量
- ┌ かたくり粉　小さじ1
  └ 水　小さじ2

具だくさんのチャーハンはレタスの歯切れが新鮮です。たっぷり入った桜エビとねぎの香りが生きています。

作り方

Ⓐ和風チャーハン
❶ 万能ねぎは小口切りにする。レタスは細かく刻む。
❷ フライパンに油を熱し、ご飯を入れてパラパラにいためる。
❸ レタス、万能ねぎ、桜エビを加えていため合わせ、ときほぐした卵を流し入れ、ざっといため、しょうゆをフライパンのふちから回し入れて調味する。
❹ 器に盛り、ごまと削りガツオをふる。

★ご飯が冷たい場合は電子レンジでほんのりと温めてからいためる。冷たいとほぐれにくい。

応用　レタスの代わりに青梗菜、キャベツなど。桜エビの代わりにちりめんじゃこ、卵の代わりにひき肉でも。紅しょうがは刻んで混ぜても。

Ⓑ切り昆布の酢の物
❶ 昆布は水につけてもどし、水けを軽く絞り食べやすい長さに切る。
❷ 麸は水につけてもどし、水けを絞って食べやすい大きさに切る。
❸ 材料が柔らかくなったら、しょうゆを加えて軽く煮、水で溶いたかたくり粉をまわし入れてとろみをつける。

Ⓒ塌菜のミルクスープ
❶ 塌菜は3〜4cm長さに切る。マッシュルームは石づきを除いて薄切りにする。
❷ なべに塌菜、マッシュルーム、中華スープのもと、ひたひたの熱湯を加え、弱火にかけて煮る。
❸ きゅうりは薄い輪切りにする。
❹ aの材料を混ぜ合わせ、昆布、きゅうりをあえる。

塩分チェック⑲ 切り昆布

塩分10.9%⇒もどして(重量3倍)塩分1.1%

もどすと塩分が抜けます。よく水けを絞って味がうすまらないようにします。

■応用献立例の3パターン

		主食	副菜	汁物	
Ⅰ	472kcal 1.8g	和風チャーハン 336kcal(0.6g)	83 いんげんの梅おかかあえ 33kcal(0.4g)	14 ミルク入りみそ汁 103kcal(0.8g)	
Ⅱ	521kcal 1.3g	和風チャーハン 336kcal(0.6g)	46 焼きアスパラののり酢かけ 56kcal(0.2g)	96 ねぎのミルクスープ 129kcal(0.5g)	
Ⅲ	474kcal 2.0g	和風チャーハン 336kcal(0.6g)	49 ひじきとフルーツのサラダ 77kcal(0.6g)	40 野菜たっぷりのみそ汁 61kcal(0.8g)	

A

B

C

79

15 三色どんぶり献立

Ⓐ三色どんぶり Ⓑかぶとクレソンのごまからしあえ Ⓒ豆腐と菜の花のすまし汁

438 kcal　塩分 2.3g

■材料（1人分）■

Ⓐ三色どんぶり
- 鶏ささ身ひき肉……40g
- しょうゆ・酒・砂糖各小さじ1
- 卵……大½個（30g）
- 砂糖……小さじ½
- 塩……少量
- さやえんどう……10g
- ご飯……140g

Ⓑかぶとクレソンの ごまからしあえ
- かぶ……小1個（40g）
- クレソン……½束（20g）
- ごまがらし
  - すりごま・酢……各小さじ1
  - みそ……小さじ⅓
  - 砂糖……小さじ½
  - 練りがらし……少量

Ⓒ豆腐と菜の花のすまし汁
- もめん豆腐……50g
- 菜の花……10g
- だし……½ヵップ
- 塩……少々½
- しょうゆ……小さじ¼

三色の彩り鮮やかなどんぶり。あえ物のクレソンはゆでてかさを減らしします。つけ合わせにしか使ったことがなかったら、ぜひためしてみてください。ピリッとした辛味がおいしいものです。

作り方

Ⓐ三色どんぶり

❶なべにひき肉としょうゆ、酒、砂糖を入れて弱火にかけ、箸で混ぜながら火を通す。ポロポロになって水分がほとんどなくなるまでいりつける。

❷卵をときほぐし、砂糖と塩を加え混ぜ、なべに入れて弱火にかける。箸を4～5本持ってかき混ぜながら火を通し、しっとりとしたいり卵にする。

❸さやえんどうはゆでて斜め薄切りにする。

❹どんぶりにご飯を盛り、①～③を彩りよくのせる。

応用 ひき肉は豚でも。さやえんどうの代わりにさやいんげん、青梗菜、キャベツなどゆでて刻んでも。

Ⓑかぶとクレソンのごまがらしあえ

❶かぶは皮をむいて縦半分に切り、さらに縦に薄く切る。

❷クレソンはさっとゆで、ざるにあげて冷まし、水けを絞って3～4cm長さに切る。

❸ごまがらしの材料を混ぜる。

❹かぶとクレソンを③であえる。

Ⓒ豆腐と菜の花のすまし汁

❶菜の花はゆでてざるにとり、水けを絞って3～4cm長さに切る。

❷豆腐は1.5cm角に切る。

❸なべにだしを煮立て、菜の花と豆腐を加えてひと煮し、塩としょうゆで調味する。

うま味を利用する③ 乾物

しいたけはもどし汁がだしになります。煮干しはだしをとるだけでなくそのまま食べましょう。桜エビやのりは料理の仕上げにふりかけると風味が生きます。

- 桜エビ　塩分3%
- 干ししいたけ　塩分0%
- 煮干し　塩分4.3%
- のり　塩分1.3%

■応用献立例の3パターン■

	主食	副菜	汁物
Ⅰ 491kcal 2.5g	三色どんぶり 353kcal(1.3g)	ブロッコリーのごま酢かけ 16　53kcal(0.7g)	ワンタン入りスープ 92　85kcal(0.5g)
Ⅱ 468kcal 2.4g	三色どんぶり 353kcal(1.3g)	クレソンのサラダ 84　35kcal(0.3g)	ひき肉入りコーンスープ 108　80kcal(0.8g)
Ⅲ 449kcal 2.3g	三色どんぶり 353kcal(1.3g)	モロヘイヤのごまがらしあえ 116　56kcal(0.2g)	かきたま汁 38　40kcal(0.8g)

A

B

C

81

素材の風味を生かした減塩副菜

素材の持つ風味やうま味、香りを料理に充分に生かしましょう。主材料も新鮮なものを。

れんこんのくるみみそあえ
126kcal 0.2g

れんこんは歯ごたえを残して。くるみ風味のみそがよく合います。

●材料（2人分）
- れんこん……140g
- くるみみそ
  - 〔くるみ……20g
  - 〔砂糖・白みそ……各小さじ1
  - 〔だし……少量

●作り方
1. れんこんは、1～2cm幅の輪切りにし、水にさらしてアクを除く。
2. ①のれんこんを、酢を入れた沸騰湯で歯ごたえが残るようにゆで、冷ます。
3. くるみは細かく刻み、くるみみその他の材料と練り合わせてくるみみそを作る。
4. れんこんを器に盛り、③のくるみみそを中央にのせる。

ブロッコリーのガーリックソース
63kcal 0.1g

にんにくはカリカリがおいしい。焦がさないように香りを出して。

●材料（2人分）
- ブロッコリー……140g
- にんにく……1かけ
- サラダ油……小さじ2
- 塩……少量

●作り方
1. ブロッコリーは小房に分けてゆで、ざるにあげて湯をきる。
2. にんにくはみじん切りにする。
3. 油をひいたフライパンににんにくを入れ、弱火できつね色にいためる。
4. ブロッコリーを加えてさっといため合わせ、塩で調味して器に盛る。

にんにく

練りごま

くるみ

りんごの白あえ

果物を具にした変わり白あえ。りんごのシャキシャキ感が新鮮です。

● 材料（2人分）
- りんご……………1/2個（120g）
- あえ衣
  - もめん豆腐………………100g
  - 砂糖………………………小さじ2
  - 練りごま…………………小さじ2
  - 白みそ……………………小さじ1

● 作り方
① 豆腐は手でほぐし、キッチンタオルなどの上に広げて水けをきる。
② 豆腐をスプーンでなめらかにつぶし、あえ衣のほかの材料と混ぜ合わせる。すり鉢を使ってもよい。
③ りんごは皮をむき、2cm角に切って②のあえ衣であえる。

120kcal
0.2g

削りガツオ
塩分1.2%

いんげんの梅おかかあえ

梅の香りと削りガツオのうま味をきかせた10分以内でできるおかず。

● 材料（2人分）
- さやいんげん……………160g
- 梅おかか
  - 梅干し……………小1個（4g）
  - 削りガツオ………………4g
  - みりん……………………小さじ1
  - 水…………………………少量

● 作り方
① いんげんは沸騰湯で1〜2分ゆでて冷まし、3cm長さに切る。
② 梅干しは種を除き、包丁の背などでたたいてペースト状にし、梅おかかの他の材料と混ぜ合わせる。
③ いんげんを器に盛り、中央に②の梅おかかをのせる。

33kcal
0.4g

バター（食塩不使用）

さつま芋の茶きん

さつま芋にバター、牛乳とはちみつを加えてしっとりまろやかに。

117kcal
0.0g

● 材料（2人分）
さつま芋 ……………… 120g
a ┌ バター ……………… 小さじ1
　├ 牛乳 ………………… 小さじ2
　└ はちみつ …………… 小さじ2/3
卵黄 ………………… 1/3個分（6g）

● 作り方
① さつま芋は1cm厚さの輪切りにし、皮をむいて水にさらす。
② きれいになるまで洗ってさらに水につけておく。
③ さつま芋の水けをきり、耐熱容器に入れる。ラップをして電子レンジで2〜3分、竹串がスッと通るくらいまで加熱する。
④ 器にたまった湯を捨ててから、フォークを使って芋をつぶす。熱いうちにaの材料を加えて練り合わせる。
⑤ ④を一口大に等分し、ラップに包んで手のひらにのせ、口を絞って茶きんの形に整える。そのままおいて冷ます。
⑥ 冷めたらラップをはずし、形をくずさないようにして皿に盛る。

クレソンのサラダ

しらすとごま油が香ばしいドレッシングをかけて。

35kcal
0.3g

● 材料（2人分）
クレソン ……………… 80g
しらすドレッシング
　┌ しらす ……………… 10g
　├ 酢 ………………… 小さじ2
　└ ごま油 …………… 小さじ1

● 作り方
① クレソンは食べやすく切る。
② しらすドレッシングの材料を混ぜ合わせる。
③ 器にクレソンを盛り、②のドレッシングをかける。

しらす
塩分6.6%

じゃが芋のケチャップ焼き

111kcal
0.5g

チーズをとろりと溶かして風味よく仕上げます。

● 材料 (2人分)
じゃが芋……大1個 (140g)
キャベツ……140g
トマトケチャップ……小さじ2
溶けるチーズ……20g
いり黒ごま……少量

● 作り方
❶ じゃが芋は皮をよく洗い、ラップに包み電子レンジ強 (500W) で約3分、竹串がスッと通るまで加熱する。
❷ 熱いうちに皮をむき、食べやすく切る。ケチャップをからめる。
❸ キャベツはポリ袋に入れ、口を折りたたみレンジで1～2分加熱、とり出してあら熱をとり、細切りにして水気をしぼる。
❹ 耐熱容器に③と①を並べ、チーズをのせオーブントースターで3～4分焼き、ごまをふる。

溶けるチーズ
塩分2.8%

マスタード
塩分3～6%

焼き油揚げとレタスのサラダ

95kcal
0.4g

焼いた油揚げが香ばしい。ドレッシングはマスタードの風味で。

● 材料 (2人分)
油揚げ……1枚 (30g)
レタス……100g
貝割れ菜……40g
ラディッシュ……20g
マスタードドレッシング
　粒マスタード・レモンの搾り汁
　　　　　　　　　　……各小さじ2
　しょうゆ・サラダ油……各小さじ1/2
　こしょう……少量

● 作り方
❶ 油揚げは焼き網で両面がかわいてカリカリになるまで焼き、粗熱がとれたら短辺を2等分し、1cm幅の細切りにする。
❷ レタスは食べやすくちぎり、ラディッシュは薄い半月切りにする。貝割れ菜は4～5cm長さに切る。
❸ マスタードドレッシングの材料を混ぜ合わせる。
❹ 器に野菜と油揚げを盛りつけ、③のマスタードドレッシングをかける。

1 牛もも肉のポトフ風献立

Ⓐ牛もも肉のポトフ風 Ⓑ焼きミニ春巻き Ⓒきゅうりと春雨の酢の物 Ⓓご飯

576 kcal 塩分 2.5g

昆布のだしで肉と野菜を煮、素材のうま味を味わいます。味が足りないようなら塩を少ししずつかけながら食べます。

作り方

Ⓐ牛もも肉のポトフ風
① 昆布は水4〜5カップにつけてもどし（もどし汁はとっておく）、適当に切って結ぶ。
② ごぼうは4cm長さに切り、水にさらしてアクを抜く。にんじんは4cm長さにし、縦4〜6つに割る。
③ 牛肉は1cm厚さに切る。
④ なべに牛肉、昆布、ごぼう、昆布のもどし汁、白ワインを入れて煮立て、弱火で煮る。20分煮たら、にんじんを加えてさらに10〜20分煮る。
⑤ 器に盛り、具に塩をふりかけながら食べる。

Ⓑ焼きミニ春巻き
① 春巻きの皮は1枚を対角線で半分に切る。
② ねぎは縦半分に切り、端から斜め薄切りにする。
③ ツナは汁けをよくきり、ねぎとこしょう、かたくり粉と合わせる。
④ 春巻きの皮を広げ、まん中に③を1/10量ずつのせて巻く。巻き終わりに、水で溶いた小麦粉（分量外）をつけて止める。
⑤ 天板にオーブンシートを敷き、④を並べて表面にごま油を塗り、オーブントースターで3〜4分焼く。
⑥ 器にレタスを敷いて⑤を盛り、酢としょうゆを合わせたつけじょうゆを添える。

Ⓒきゅうりと春雨の酢の物
① 春雨はもどしてさっとゆでて食べやすく切る。
② きゅうりは薄い輪切りにして塩をふり、しんなりしたら水で洗って水けを絞る。
③ 酢、砂糖、油を合わせる。
④ カニは汁けをきってほぐし、③であえ、春雨ときゅうりを加えてあえる。

■材料（2人分）■

Ⓐ牛もも肉のポトフ風
- 牛ももかたまり肉 ……100g
- ごぼう ……………1本(100g)
- にんじん …………1本(120g)
- 昆布 ……………………15g
- 昆布のもどし汁 ………4カップ
- 白ワイン ………………大さじ2
- 塩 ………………………少々1

Ⓑ焼きミニ春巻き
- ツナ水煮缶……………60g
- ねぎ……………2/3本(60g)
- かたくり粉……………小さじ1
- こしょう………………少量
- 春巻きの皮……………5枚
- ごま油…………………小さじ2/3
- レタス…………………40g
- つけじょうゆ
  { 酢小さじ2／しょうゆ小さじ1/2 }

Ⓒきゅうりと春雨の酢の物
- きゅうり………1/2本(60g)
- 塩………………………少量
- 春雨・カニ水煮缶……各30g
- 酢………………………小さじ2
- 砂糖・サラダ油……各小さじ1

Ⓓご飯（1人分）………110g

塩分チェック⑳ 小麦粉製品

1枚あたりの塩分はたいした量ではありませんが、食べる前にチェック。

右：ワンタンの皮(1枚5g)塩分約0.5%
左：シューマイの皮(1枚3g)塩分0%
春巻きの皮(1枚15g)塩分約2%

■応用献立例の3パターン■ 主食＝ご飯110g・185kcal(0.0g)

	主菜	副菜①	副菜②
Ⅰ 548kcal 2.2g	牛もも肉のポトフ風 175kcal(1.3g)	焼き油揚げとレタスのサラダ 85 95kcal(0.4g)	枝豆のみぞれあえ 48 93kcal(0.5g)
Ⅱ 500kcal 2.0g	牛もも肉のポトフ風 175kcal(1.3g)	ブロッコリーのガーリックソース 82 63kcal(0.1g)	ひじきとフルーツのサラダ 49 77kcal(0.6g)
Ⅲ 554kcal 2.2g	白菜と豚肉の重ね蒸し 100 153kcal(1.0g)	焼きミニ春巻き 125kcal(0.8g)	きゅうりと春雨の酢の物 91kcal(0.4g)

87

和風ロールキャベツ献立

555 kcal　塩分 1.6g

Ⓐ和風ロールキャベツⒷほうれん草とツナのいため物Ⓒたたき山芋Ⓓご飯

あっさりみそ味のロールキャベツです。ほうれん草とツナのいため物はツナの塩分を生かし、こしょうで味をつけます。たたき山芋はざっとたたいてシャキシャキとした歯ざわりを残します。

作り方

Ⓐ和風ロールキャベツ

❶キャベツはしんなりするくらいに軽くゆで、ざるにあげて湯をよくきる。
❷エビは殻と背わたを除いて包丁で細かく刻む。
❸ボールにひき肉、エビ、酒、卵白を入れ、粘りが出るまでよく混ぜ合わせる。
❹キャベツの芯の部分を包丁で薄くそぎ取り、③を1/4量ずつのせてきっちりと巻く。
❺小さめのなべに④をピッタリと並べ入れる。
❻だしは別のなべに入れて火にかけ、煮立てる。
❼⑤のなべに熱くした⑥のだしを加え、落としぶたをして弱火で15～20分煮る。
❽仕上げにみそを溶き入れ、火を止める。

★落としぶたの代わりに、なべの大きさに合わせて切ったキッチンタオルなどでもよい。

Ⓑほうれん草とツナのいため物

❶ほうれん草はさっとゆで、水にとってざるにあげ、水けを絞って3～4cm長さに切る。
❷玉ねぎは薄切りにする。
❸フライパンに油を熱して玉ねぎをいため、しんなりしたら、ほうれん草と汁けをきったツナを加えていため合わせ、こしょうをふる。

Ⓒたたき山芋

❶山芋は皮をむいて厚手のビニール袋に入れ、すりこ木などで上からたたいてざっとつぶし、器に盛る。
❷酢としょうゆを合わせて山芋にかけ、わさびとせん切りにしたのりを添える。

油のこくを利用する②

油

揚げ物やいため物などの油を使って調理すると、油のこくでおいしく食べられます。ただし、エネルギーが高いので注意。小さじ1で37kcal。1日大さじ1〜1⅓が目安。

■材料(2人分)■

Ⓐ和風ロールキャベツ
鶏ささ身ひき肉	80g
エビ	80g
酒	小さじ2
卵白	1個分(30g)
キャベツ	4枚(300g)
だし	1½カップ
みそ	大さじ1

Ⓑほうれん草とツナのいため物
ほうれん草	200g
ツナ水煮缶	40g
玉ねぎ	¼個(60g)
サラダ油	小さじ2
こしょう	少量

Ⓒたたき山芋
山芋	160g
酢	小さじ1
しょうゆ	小さじ½
練りわさび・のり	各少量

Ⓓご飯(1人分) 140g

■応用献立例の3パターン■　主食＝ご飯140g・235kcal(0.0g)

	主菜	副菜①	副菜②
Ⅰ 534 kcal 1.8g	和風ロールキャベツ 137kcal(1.3g)	にんじんとさやえんどうのいため物 **14** 71kcal(0.5g)	さつま芋の甘煮 **16** 91kcal(0.0g)
Ⅱ 601 kcal 2.0g	和風ロールキャベツ 137kcal(1.3g)	小松菜のオイスターソースいため **34** 96kcal(0.5g)	山芋のわさび酢あえ **48** 133kcal(0.2g)
Ⅲ 571 kcal 1.3g	白菜と豚肉の重ね蒸し **100** 153kcal(1.0g)	ほうれん草とツナのいため物 82kcal(0.1g)	たたき山芋 101kcal(0.2g)

89

3 薄切りゆで豚のにんにくソース献立 ……535kcal 塩分1.8g

Ⓐ薄切りゆで豚のにんにくソースⒷれんこんのきんぴらⒸ衣かつぎⒹ卵スープⒺご飯

豚肉のしゃぶしゃぶ風。にんにくの風味がきいたたれをつけながら食べます。里芋は塩なしでもおいしく食べられます。

作り方

Ⓐ薄切りゆで豚のにんにくソース
① ねぎとにんにくはみじん切りにし、ソースのほかの材料と混ぜ合わせる。
② なべにたっぷりの湯を沸かし、まず、にらをさっとゆでとり出し、次に白菜をゆでる。にらは4～5cm長さに切り、白菜は食べやすい大きさにざく切りにする。
③ ②の湯に豚肉を1枚ずつ入れてゆで、ざるにあげて食べやすく切る。(ゆで汁はスープに使う)。
④ 器に豚肉と野菜を盛り、①のソースを添える。

Ⓑれんこんのきんぴら
① れんこんとにんじんは薄い半月切りかいちょう切りにし、れんこんは水にさらしてアクを抜く。
② なべに油を熱し、水けをよくきったれんこん、にんじんをいため、酒と水少量をふってふたをし、中火で蒸しいためにする。
③ しょうゆに水小さじ2を加え、②にさっとまわしかけて味をからめ、最後に砂糖をふって照りをつけて仕上げる。
★油が少ないので、さっといためたらふたをし、蒸すようにして火を通す。

Ⓒ衣かつぎ
① 里芋は上下を少し切り落とし、蒸し器で蒸す。または耐熱皿に並べてラップをし、電子レンジで4～6分加熱する。竹串がすっと通るくらいに柔らかくする。
② 器に盛ってごまと塩をふる。

Ⓓ卵スープ
① ゆで豚のゆで汁をなべに入れて煮立て、ねぎと酒を加えて塩で調味する。
② ときほぐした卵を流し入れて火を止める。

■材料(2人分)■

Ⓐ薄切りゆで豚のにんにくソース
- 豚もも薄切り肉 ………180g
- 白菜 ………2枚(200g)
- にら ………1束(100g)
- にんにくソース
  - ねぎ………½本(40g)
  - にんにく………1かけ(5g)
  - しょうゆ………小さじ1⅓
  - 酢………小さじ2
  - 砂糖………小さじ1

Ⓑれんこんのきんぴら
- れんこん………½節(100g)
- にんじん………½本(60g)
- サラダ油………小さじ2
- 酒………小さじ2
- しょうゆ………小さじ1
- 砂糖………小さじ1⅓

Ⓒ衣かつぎ
- 里芋………小6個(160g)
- いり黒ごま………少量
- 塩………ミニ1

Ⓓ卵スープ
- 卵………½個(25g)
- ねぎ………½本(40g)
- 豚肉のゆで汁………1カップ
- 酒………小さじ2
- 塩………ミニ½

Ⓔご飯(1人分) ………110g

■応用献立例の3パターン■ 主食＝ご飯110g・185kcal(0.0g)

	主菜	副菜①	副菜②	汁物
Ⅰ 565kcal 1.1g	薄切りゆで豚のにんにくソース 177kcal(0.7g)	焼きアスパラののり酢かけ 46 56kcal(0.2g)	さつま芋の茶きん 84 117kcal(0.0g)	卵スープ 30kcal(0.2g)
Ⅱ 560kcal 1.9g	薄切りゆで豚のにんにくソース 177kcal(0.7g)	さやいんげんのおかか煮 44 27kcal(0.4g)	蒸しかぼちゃ 20 73kcal(0.0g)	さつま芋のみそ汁 18 98kcal(0.8g)
Ⅲ 501kcal 1.3g	蒸し豚のねぎだれ添え 101 173kcal(0.4g)	れんこんのきんぴら 96kcal(0.4g)	衣かつぎ 47kcal(0.5g)	

A
B
C
D
E

4 牛肉のロールソテー献立

Ⓐ牛肉のロールソテー Ⓑきゅうりと貝の酢の物 Ⓒワンタン入りスープ Ⓓご飯

589 kcal　塩分 2.4g

ロールソテーは牛肉に火を通してから、調味料をまわしかけて表面に味をつけます。酢の物には柑橘類の果物の酸味を加えて、さっぱりと食べます。

作り方

Ⓐ牛肉のロールソテー

❶アスパラはゆで、牛肉の幅に合わせた長さに切る。えのきは石づきを除いて長さを半分にする。
❷ａを合わせる。
❸牛肉を広げ、アスパラとえのきをそれぞれ別に1/6量ずつのせてぎゅっと巻く。
❹フライパンに油を熱し、③の巻き終わりを下にして並べ、焼く。
❺火が通ったら、ａをまわしかけ、煮からめる。

Ⓑきゅうりと貝の酢の物

❶きゅうりは薄い輪切りにして塩をふり、しんなりしたら水で洗って水けをよく絞る。
❷大根、にんじん、竹の子はそれぞれ2cm長さの拍子木切りにする。万能ねぎは2cm長さに切る。
❸ワンタンの皮は半分に切り、端から5mm幅に切る。調理バサミで切るとよい。
❹なべに万能ねぎ以外の野菜、干しエビ、もどし汁＋水、スープのもとを入れて煮立て、弱火で煮る。
❺野菜が柔らかくなったら、③のワンタンの皮、万能ねぎを加えて1～2分煮る。しょうゆと酒で調味し、ごま油を垂らして火を止める。
❷夏みかんは実をとり出し、半分にほぐす。
❸わかめは水けをよく絞って一口大に切る。
❹アオヤギは大きいものは一口大に切る。
❺酢としょうゆを合わせ、材料全部をあえる。
★アオヤギはあえる前に、酢で洗う（酢洗い）とよい。

Ⓒワンタン入りスープ

❶干しエビはひたひたの湯につけてもどし（もどし汁はとっておく）、細かく刻む。

■材料（2人分）■

Ⓐ牛肉のロールソテー
- 牛もも薄切り肉……12枚（160ｇ）
- えのきだけ……1袋（100ｇ）
- グリーンアスパラガス……120ｇ
- サラダ油……小さじ2
- ａ｛酒・水……各大さじ1 1/3
- 　　しょうゆ……小さじ2

Ⓑきゅうりと貝の酢の物
- ｛きゅうり……1本（100ｇ）
- ｛塩……小さじ1/2
- アオヤギ*……60ｇ
- わかめ（もどして）……100ｇ
- 夏みかん……60ｇ
- ｛酢……小さじ2
- ｛しょうゆ……小さじ1/4

*トリ貝、赤貝など好みの貝で

Ⓒワンタン入りスープ
- 大根……100ｇ
- にんじん……1/2本（60ｇ）
- ゆで竹の子……60ｇ
- 万能ねぎ……60ｇ
- ワンタンの皮……4枚
- 干しエビ……4ｇ
- 干しエビのもどし汁＋水2カップ
- 中華スープのもと……小さじ1/3
- しょうゆ……小さじ1/2
- 酒……小さじ1
- ごま油……小さじ1/2

Ⓓご飯（1人分）……140ｇ

■応用献立例の3パターン■ 主食＝ご飯140ｇ・235kcal（0.0ｇ）

	主菜	副菜	汁物	果物
Ⅰ 563kcal 2.1g	牛肉のロールソテー 221kcal(1.0g)	枝豆のみぞれあえ　48 93kcal(0.5g)	わかめのすまし汁　44 14kcal(0.6g)	
Ⅱ 593kcal 2.2g	牛肉のロールソテー 221kcal(1.0g)	いんげんの梅おかかあえ　83 33kcal(0.4g)	野菜たっぷりのみそ汁　40 61kcal(0.8g)	オレンジ　42 43kcal(0.0g)
Ⅲ 554kcal 2.1g	なすとひき肉のみそいため　38 186kcal(0.7g)	きゅうりと貝の酢の物 48kcal(0.9g)	ワンタン入りスープ 85kcal(0.5g)	

93

5 豚ヒレ肉と野菜の網焼き献立

Ⓐ豚ヒレ肉と野菜の網焼きⒷせりと油揚げの煮浸しⒸ大根とわかめのサラダⒹご飯

516 kcal
塩分 2.0g

作り方

Ⓐ豚ヒレ肉と野菜の網焼き
① なすは斜めに5mm厚さに切り、水にさらしてアクを抜き、水けをよくきる。
② まいたけは石づきを除いて小房に分ける。
③ 豚ヒレ肉は3〜5mm厚さに切る。
④ 酒と塩を合わせる。
⑤ 焼き網を熱し、強火で焼く。豚肉、なす、まいたけをのせて強火で焼く。
⑥ 器に豚肉とレモンの薄切りを交互に並べて盛り、なす、まいたけを盛り合わせる。

豚肉と野菜に、酒と塩を合わせたものをはけで塗りながら焼きます。盛りつけるときに、レモンを肉の間にはさんで風味をつけます。野菜は焦げの風味で食べます。煮浸しには油揚げでこくを出し、サラダにはトッピングで桜エビを使って香ばしさをプラスします。

Ⓑせりと油揚げの煮浸し
① 油揚げは熱湯に通して油抜きをし、水けを絞って短冊に切る。
② せりは3〜4cm長さに食べやすく切る。
③ なべにだしと酒、しょうゆを煮立て、油揚げをさっと煮、せりを加え、強火でしんなりするまで箸でかき混ぜながら煮る。

Ⓒ大根とわかめのサラダ
① わかめは水をよく絞って食べやすく切る。
② 大根は4cm長さのせん切りにする。
③ ドレッシングの材料を混ぜ合わせる。
④ わかめと大根、桜エビをドレッシングであえる。
⑤ 器に盛って黒ごまをふりかける。

油のこくを利用する③ ごま
油分があってこくがあるごまは、風味を利用して料理にふりかけたり、からめたりして使いましょう。エネルギーが高いので使いすぎには要注意。

黒ごま
白ごま
すりごま

■材料（2人分）■

Ⓐ豚ヒレ肉と野菜の網焼き
- 豚ヒレ肉 ………… 200g
- まいたけ ………… 140g
- なす ……… 2本（200g）
- 酒 …………… 大さじ1⅓
- 塩 …………… 小さじ⅓
- レモンの薄い半月切り½個分

Ⓑせりと油揚げの煮浸し
- せり ……………… 160g
- 油揚げ ……… ½枚（15g）
- だし ……………… ½カップ
- 酒 ……………… 小さじ2
- しょうゆ ……… 小さじ⅔

Ⓒ大根とわかめのサラダ
- 大根 ……………… 140g
- わかめ（もどして）… 100g
- 桜エビ …………… 6g
- ドレッシング
  - 酢 …………… 小さじ1
  - サラダ油 ……… 小さじ1
  - しょうゆ …… 小さじ⅔
  - 練りがらし …… 少量
- いり黒ごま …… 小さじ½

Ⓓご飯（1人分）…… 140g

■応用献立例の3パターン■ 主食＝ご飯140g・235kcal（0.0g）

	主菜	副菜①	副菜②	果物
Ⅰ 548kcal 1.6g	豚ヒレ肉と野菜の網焼き 173kcal(0.9g)	ブロッコリーのガーリックソース 82 63kcal(0.1g)	ひじきとフルーツのサラダ 49 77kcal(0.6g)	
Ⅱ 596kcal 1.8g	豚ヒレ肉と野菜の網焼き 173kcal(0.9g)	焼き油揚げとレタスのサラダ 85 95kcal(0.4g)	枝豆のみぞれあえ 48 93kcal(0.5g)	
Ⅲ 516kcal 1.7g	サケの菜種焼き 103 137kcal(0.6g)	せりと油揚げの煮浸し 51kcal(0.3g)	大根とわかめのサラダ 57kcal(0.8g)	パイナップル 34 36kcal(0.0g)

95

6 Ⓐ鶏肉と野菜のオーブン焼きⒷかぶのとろろ昆布あえⒸねぎのミルクスープⒹご飯

鶏肉と野菜のオーブン焼き献立…560kcal 塩分1.9g

はちみつの甘味とレモンの酸味がよくあったたれに鶏肉を漬けて焼きます。糖質の多いじゃが芋は焼くと甘味が増します。副菜はとろろ昆布と野菜を合わせただけの簡単あえ物。ほかの野菜でもできます。スープはバターを少量加えてこくを出しました。とろっと煮たねぎの甘味もきいています。

作り方

Ⓐ鶏肉と野菜のオーブン焼き
① 鶏肉は表面にフォークを数か所刺し、味をしみやすくする。レモン汁としょうゆ、はちみつを混ぜ合わせ、鶏肉を漬ける。
② ピーマンは種を除いて縦2～4つ割りにする。
③ じゃが芋は一口大に切り、水で洗って下ゆでする。またはラップに包んで電子レンジで加熱してもよい。
④ 酒と塩を合わせる。
⑤ 天板にオーブンシートを敷き、汁けをふき取った鶏肉、じゃが芋を並べ、オーブントースターで約15分こんがりと焼く。途中、ピーマンも加えて焼く。
⑥ じゃが芋とピーマンに④をふってかわく程度に焼く。

Ⓑかぶのとろろ昆布あえ
① かぶ、きゅうり、にんじんは小さめの乱切りにする。
② 野菜を合わせ、とろろ昆布をまぶし、最後に酢をかける。

Ⓒねぎのミルクスープ
① ねぎは小口切りにする。マッシュルームは石づきを除いて薄切りにする。
② なべにバターを溶かし、ねぎをいためる。しんなりしたら、水1/2カップ、固形ブイヨン、マッシュルームを加え、ふたをして蒸し煮にする。
③ 材料に火が通ったら、牛乳を加えて温めていどに弱火で煮、こしょうをふる。

塩分チェック㉑ とろろ昆布

塩分5.3%

昆布を重ねて薄く削ったとろろ昆布はうま味があります。だしいらずのすまし汁や、野菜によくからむので、あえ衣に向きます。

■材料(2人分)■

Ⓐ鶏肉と野菜のオーブン焼き
- 鶏もも皮なし肉……140g
- レモンの搾り汁…大さじ1 1/3
- しょうゆ………小さじ1 1/2
- はちみつ………小さじ2
- ピーマン………3個(100g)
- じゃが芋………1個(100g)
- 酒……………小さじ2
- 塩……………少々1

Ⓑかぶのとろろ昆布あえ
- かぶ……………2個(140g)
- きゅうり………1本(100g)
- にんじん………1/2本(60g)
- とろろ昆布……10g
- 酢……………小さじ2

Ⓒねぎのミルクスープ
- ねぎ……………2本(160g)
- マッシュルーム……100g
- バター…………小さじ1
- 固形ブイヨン…1/2個
- 牛乳……………240ml
- こしょう………少量

Ⓓご飯(1人分)………140g

■応用献立例の3パターン■ 主食=ご飯140g・235kcal(0.0g)

	主菜	副菜	汁物	果物
I 514kcal 1.8g	鶏肉と野菜のオーブン焼き 156kcal(1.1g)	大根のゆかりあえ ⑱ 15kcal(0.3g)	野菜のスープ煮 ㉔ 68kcal(0.4g)	キウイフルーツ ㊱ 40kcal(0.0g)
II 536kcal 2.4g	鶏肉と野菜のオーブン焼き 156kcal(1.1g)	たたききゅうり ㉖ 42kcal(0.5g)	ミルク入りみそ汁 ⑭ 103kcal(0.8g)	
III 548kcal 1.7g	鶏肉のホイル焼き ㊵ 144kcal(0.9g)	かぶのとろろ昆布あえ 40kcal(0.3g)	ねぎのミルクスープ 129kcal(0.5g)	

97

7 ひき肉と野菜のまとめ焼き献立 553kcal 塩分1.4g

Ⓐひき肉と野菜のまとめ焼き Ⓑ大根おろしとサケ缶のあえ物 Ⓒピーマンとセロリのおかか煮 Ⓓご飯

野菜の歯ごたえがおいしいひき肉のまとめ焼きです。表面にからめた甘酸っぱいたれがきいています。大根おろしとサケ缶のあえ物はサケ缶の塩分で食べます。レモン汁をふってさっぱりと。おかか煮は最後に削りガツオを加えて表面にうま味をまぶします。

作り方

Ⓐひき肉と野菜のまとめ焼き
① 玉ねぎは薄切りにする。にんじんは3cm長さのせん切りにする。
② ひき肉にときほぐした卵、酒を加えてよく混ぜ合わせ、2等分する。
③ 玉ねぎとにんじんはそれぞれかたくり粉をまぶし、②にそれぞれ加え混ぜ、2種類のたねを作る。
④ 甘酢の材料を混ぜ合わせる。
⑤ 手のひらに水をつけ、③をさらにそれぞれ4等分して平らに丸く形を整える。
⑥ フライパンに油を熱し、⑤を並べ入れ、両面をじっくりと焼く。
⑦ ④の甘酢を加え、強火で煮からめて照りを出す。
★にんじんは生のまま加えてあるので歯ごたえがある。柔らかいほうがよければ、ゆでるか、電子レンジで加熱して柔らかくし、冷ましてから使う。

Ⓑ大根おろしとサケ缶のあえ物
① 大根はすりおろして軽く汁けをきる。
② 器に大根おろしを盛り、汁けをきったサケ缶をのせ、レモン汁をかける。全体をあえて食べる。

Ⓒピーマンとセロリのおかか煮
① ピーマンは縦半分に切って種を除き、横に5mm幅に切る。セロリは斜め薄切りにする。
② なべにごま油を熱し、ピーマンとセロリをいためる。
③ 野菜がしんなりしたら、みりん、しょうゆ、酒、水大さじ1を加えて水分をとばすようにいりつける。
④ 仕上げに削りガツオをまぶして火を止める。

■材料(2人分)■

Ⓐひき肉と野菜のまとめ焼き
鶏ささ身ひき肉	160g
卵	½個(25g)
酒	小さじ1
玉ねぎ	40g
にんじん	⅓本(40g)
かたくり粉	大さじ1⅓
サラダ油	小さじ2

甘酢
酢	大さじ1⅓
砂糖・酒	各小さじ2
しょうゆ	小さじ1⅓
水	大さじ4

Ⓑ大根おろしとサケ缶のあえ物
大根	200g
サケ水煮缶	100g
レモンの搾り汁	小さじ2

Ⓒピーマンとセロリのおかか煮
ピーマン	3個(100g)
セロリ	1本(100g)
ごま油	小さじ1
みりん・しょうゆ	各小さじ1
酒	大さじ1⅓
削りガツオ	4g

Ⓓご飯(1人分) 110g

■応用献立例の3パターン■ 主食＝ご飯110g・185kcal(0.0g)

	主菜	副菜①	副菜②
Ⅰ 505kcal 1.6g	ひき肉と野菜のまとめ焼き 200kcal(0.7g)	枝豆のみぞれあえ 48 93kcal(0.5g)	さやいんげんのおかか煮 44 27kcal(0.4g)
Ⅱ 547kcal 1.4g	ひき肉と野菜のまとめ焼き 200kcal(0.7g)	トマトときゅうりのおろしあえ 44 41kcal(0.0g)	じゃが芋のいため煮 32 121kcal(0.7g)
Ⅲ 531kcal 1.2g	しめじ入りつくね焼き 67 178kcal(0.5g)	大根おろしとサケ缶のあえ物 104kcal(0.3g)	ピーマンとセロリのおかか煮 64kcal(0.4g)

Ⓑ

Ⓒ

Ⓓ

Ⓐ

99

夕食向きのあっさり主菜

蒸し物は肉や魚の脂が落ちるのであっさり味に仕上がります。おいしい温度で食べるのもうす味をおいしく食べる方法。できたてのあつあつをどうぞ。

白菜と豚肉の重ね蒸し

白菜 153kcal 1.0g

豚肉のうま味がだし代わり。独特の甘味を引き立てます。

●材料（2人分）
白菜……400g
豚もも薄切り肉……160g
酢じょうゆ
〔酢・しょうゆ……各小さじ2〕
練りがらし……少量

●作り方
①白菜と豚肉は器の大きさに合わせて切る。
②器にすき間なくぴったりと、白菜と豚肉を交互に重ねて入れ、最後は白菜とする（表面が多少盛り上がっていてもよい）。
③蒸気の上がった蒸し器に②を入れ、強火で約20分蒸す。
④酢としょうゆを合わせる。
⑤③が蒸し上がったら、表面に4～5か所包丁目を入れる。④の酢じょうゆを添え、練りがらしを好みで溶く。

蒸し豚のねぎだれ添え

香味野菜や酢、風味豊かなごまは減塩料理の強〜い味方です。

173kcal
0.4g

● 材料 (2人分)

- 豚ヒレかたまり肉 …… 200g
- ねぎの青い部分 …… 5cm
- しょうがの薄切り …… 4〜5枚
- 酒 …… 大さじ1
- きゅうり …… 2本 (200g)
- ねぎだれ
  - ねぎのみじん切り …… 1/2本分 (40g)
  - すりごま・酢 …… 各小さじ2
  - 砂糖 …… 小さじ1
  - しょうゆ …… 小さじ2/3

● 作り方

1. かたまり肉は皿にのせて酒をふり、しょうがとねぎを貼りつける。
2. 蒸気の上がった蒸し器に入れ、強火で約30分蒸す。蒸し上がったら、そのまま冷ます。
3. きゅうりは上下から細かく包丁目を入れ (蛇腹きゅうり)、手でひねるようにして食べやすい長さに切る。
4. ねぎだれの材料を混ぜ合わせる。
5. 蒸し豚は薄切りにし、③の蛇腹きゅうりを器に盛り合わせ、ねぎだれを添える。

アジの香味蒸し

新鮮な素材は持ち味を生かしてシンプルな料理法がいちばん。

136kcal
0.5g

● 材料 (2人分)

- アジ (刺し身用の新鮮なもの) …… 2尾 (160g)
- しょうがの薄切り …… 4〜5枚
- まいたけ …… 1パック (160g)
- ねぎ …… 1/2本 (40g)
- 酒 …… 小さじ2
- 合わせじょうゆ
  - レモンの搾り汁 …… 小さじ2
  - しょうゆ …… 小さじ1
  - ごま油 …… 小さじ1

● 作り方

1. アジはぜいごとえら、内臓を除き、盛りつけるときの表腹を手前の状態) の面に4〜5か所深く切り目を入れる。
2. この切れ目にしょうがを差し込む。まいたけは石づきを除いて食べやすくほぐし、ねぎは1cm幅の斜め薄切りにする。
3. 深めの皿にアジを盛りつけ、手前にねぎ、向こう側にまいたけを盛り合わせる。全体に酒をふる。
4. ③を蒸気の上がった蒸し器に入れ、強火で約15分蒸す。
5. 合わせじょうゆの材料を混ぜる。
6. 蒸したての④に⑤の合わせじょうゆをかける。

ハマグリと青梗菜のいため蒸し

78kcal
0.8g

加える塩分はゼロ。ハマグリから出る天然の塩味を利用します。

● 材料 （2人分）
- ハマグリ……殻つき180g（正味72g）
- 青梗菜……240g
- にんにく……1かけ（5g）
- サラダ油……小さじ2
- 酒……大さじ1
- かたくり粉……小さじ1
- 水……小さじ2

● 作り方
1. ハマグリは殻ごとよく水洗いする。
2. 青梗菜はざく切りにし、にんにくは薄切りにする。
3. なべに油を熱し、にんにくをいためる。香りが立ってきたらハマグリと青梗菜を加えていため合わせる。
4. 全体に油がまわったら酒をふり入れ、ふたをして蒸し煮にする。
5. ハマグリの殻が開いたら、水で溶いたかたくり粉をまわし入れ、具に煮汁をからめる。

豆腐とウナギの重ね蒸し

既製品のかば焼きも、調味料を兼ねてなら利用できます。

180kcal
0.7g

●材料（2人分）
- ウナギのかば焼き（既製品）……2/3丁（240g）
- もめん豆腐……2/3丁（240g）
- かたくり粉……少量
- しょうゆ……小さじ2/3
- 練りわさび……少量

●作り方
① 豆腐は長辺を2つに切り分け、さらに厚みを半分にしたものを2組作る。キッチンタオルなどで約10分包んでおいて水けをきる。
② ウナギは豆腐の大きさに合わせて切る。半端な切れ端も合わせて2等分しておく。
③ 2枚の豆腐が重なる面にそれぞれごく薄くかたくり粉をふり、ウナギを間にはさむ。手のひらで軽くおさえて落ちつかせる。
④ 器に盛り、蒸気の上がった蒸し器に入れて中火で約15分蒸す。
⑤ 蒸し上がった豆腐に練りわさびをのせ、しょうゆをかける。

ウナギのかば焼き
塩分1.3%

サケの菜種焼き

低塩なのに満足できるのは、いり卵の食感と微妙な甘味のおかげ。

137kcal
0.6g

●材料（2人分）
- サケ……2切れ（120g）
- みりん・しょうゆ……各小さじ1
- 酒……小さじ2
- みりん……小さじ1
- 卵……1個（50g）
- 塩……少量
- 木の芽……少量

●作り方
① サケは2～3等分し、みりん、しょうゆ、酒を合わせたたれに漬けておく。
② 卵にみりんと塩を加え、小なべでいりつけてごく柔らかないり卵を作る。
③ ①のサケはキッチンペーパーなどで汁けをよくふき取る。天板にオーブンシートを敷き、サケを並べてオーブントースターで4～5分焼く。
④ ②のいり卵を③のサケに等分にのせ、さらに1～2分、表面がかわく程度に焼く。
⑤ 皿に盛り、木の芽を飾る。

白身魚のカレーじょうゆ焼き献立 … 580kcal 塩分1.9g

Ⓐ白身魚のカレーじょうゆ焼きⒷ角切り野菜のくず煮Ⓒ湯通しレタスのサラダⒹご飯

白身魚はカレー風味の衣が香ばしく、食欲をそそります。野菜のくず煮はほんのり甘い煮汁で煮、とろみをつけます。サラダのレタスは湯通しすると、かさが減り、意外なほど多くの量を食べられます。レモンの酸味と昆布茶のうま味がきいたドレッシングをかけます。

作り方

Ⓐ白身魚のカレーじょうゆ焼き
① しょうゆと酒、カレー粉を合わせ、白身魚を15～20分漬け込む。
② 大根ときゅうりは4cm長さの薄い短冊に切り、氷水に放してパリッとさせる。
③ 白身魚の汁けをしっかりふき取り、小麦粉を全体に薄くまぶす。
④ フライパンに油を熱し、白身魚を入れて両面カリッとするまで焼く。
⑤ 器に白身魚を盛り、水けを

よくきった大根ときゅうりを添える。

Ⓑ角切り野菜のくず煮
① にんじん、じゃが芋は1cm角に切り、じゃが芋は水にさらす。
② なべににんじんとだしを入れて煮立て、弱火にしてにんじんが柔らかくなったら、じゃが芋と酒を加える。
③ じゃが芋が柔らかくなったら、グリーンピースを加えてさっと煮、塩、しょうゆ、みりんを加えて調味し、水で溶いたかたくり粉を加えてとろみをつける。

★生のグリーンピースを使う場合は、さっとゆでてから加える。

Ⓒ湯通しレタスのサラダ
① レタスは一口大に切り、熱湯に入れてすぐにざるにあげ、湯をよくきる。
② ドレッシングの材料を混ぜ合わせ、レタスをあえる。

塩分チェック㉒ 昆布茶

昆布茶は湯に溶かして飲むだけではありません。昆布のうま味がきいた昆布茶を料理に使わない手はありません。調味料として使えます。野菜にまぶして即席漬物などに。

塩分48.3%

■材料（2人分）

Ⓐ白身魚のカレーじょうゆ焼き
白身魚（タイ） 2切れ（160g）
しょうゆ………小さじ1⅓
酒小さじ2／カレー粉小さじ1
小麦粉…………大さじ1⅓
サラダ油………大さじ1⅓
大根…60g／きゅうり…40g

Ⓑ角切り野菜のくず煮
じゃが芋 ………1個（100g）
にんじん…………½本（60g）
グリーンピース水煮缶…60g
だし …1½ｶｯﾌﾟ／酒 …小さじ2
塩 ……………………ミニ½
しょうゆ …………小さじ½
みりん ……………小さじ½
かたくり粉 ………小さじ2
水 …………………大さじ1⅓

Ⓒ湯通しレタスのサラダ
レタス …………………200g
ドレッシング
ごま油・レモンの搾り汁・
すりごま …………各小さじ2
しょうゆ …………小さじ1
昆布茶 ……………小さじ¼

Ⓓご飯（1人分） ……110g

■応用献立例の3パターン　■主食＝ご飯110g・185kcal（0.0g）

	主菜	副菜①	副菜②
Ⅰ 519kcal 1.3g	白身魚のカレーじょうゆ焼き 231kcal(0.6g)	野菜のスープ煮 24 68kcal(0.4g)	クレソンのサラダ 84 35kcal(0.3g)
Ⅱ 501kcal 1.3g	白身魚のカレーじょうゆ焼き 231kcal(0.6g)	さやいんげんのおかか煮 44 27kcal(0.4g)	コールスローサラダ 22 58kcal(0.3g)
Ⅲ 485kcal 1.8g	アジの香味蒸し 101 136kcal(0.5g)	角切り野菜のくず煮 103kcal(0.8g)	湯通しレタスのサラダ 61kcal(0.5g)

105

9 魚介のくずゆで献立

Ⓐ魚介のくずゆで Ⓑブロッコリーと豆腐のいため物 Ⓒさつま芋とパイナップルの甘煮 Ⓓご飯

586 kcal　塩分 1.6g

魚介にかたくり粉をまぶして湯通しします。表面がつるっとして、のどごしがいいものです。副菜はいため物を合わせてボリュームを。

作り方

Ⓐ魚介のくずゆで
1. 白身魚はさくのものは薄くそぎ切りにする。エビは尾を残して殻を除き、背を開いて背わたを取る。
2. みょうがは縦半分に切る。
3. キャベツはさっとゆで、水けをきって一口大に切る。
4. 甘酢の材料を混ぜ合わせる。
5. みょうがをさっと湯通しして熱いうちに④に漬け込み、そのまま冷ます。
6. 白身魚とエビにかたくり粉を薄くまぶし、沸騰湯に入れ、色が変わるていどにさっとゆで、氷水にとって冷やす。
7. ③、⑤、⑥を器に彩りよく盛り合わせ、酢としょうゆを合わせた酢じょうゆとわさびを添える。

Ⓑブロッコリーと豆腐のいため物
1. 豆腐は水けをよくきり、大まかにほぐしてキッチンタオルに広げる。
2. ブロッコリーは小房に分け、ゆでてざるにあげて湯をよくきる。コーンは汁けをきる。
3. 豆腐にしょうゆをからめ、フライパンに油を熱していためる、ブロッコリーを温かいうちに加え、いため合わせる。コーンを加え、こしょうをふって仕上げる。

Ⓒさつま芋とパイナップルの甘煮
1. さつま芋は1.5cm厚さの半月切りか輪切りにして皮を厚めにむき、水で洗ってから、さっとゆでる。水にとって冷まし、水けをきる。
2. パイナップルは1cm厚さのいちょう切りにする。
3. なべにさつま芋とひたひたの水、砂糖、みりんを入れて煮立て、弱火にして煮る。
4. 芋が柔らかくなったら、パイナップルを加えて3〜4分煮る。

■材料（2人分）■

Ⓐ魚介のくずゆで
- 白身魚（タイ・刺し身用）……100g
- エビ……………………………100g
- かたくり粉……………大さじ1⅓
- 酢じょうゆ
  - ｛酢………………………小さじ2
  - ｛しょうゆ………………小さじ2
- 練りわさび………………………少量
- キャベツ………………………200g
- みょうが………………6個（60g）
- 甘酢
  - ｛酢・砂糖……………各小さじ1

Ⓑブロッコリーと豆腐のいため物
- ブロッコリー…………………120g
- ｛もめん豆腐……⅓丁（100g）
- ｛しょうゆ………………小さじ½
- スイートコーン缶………………40g
- サラダ油………………小さじ1½
- こしょう…………………………少量

Ⓒさつま芋とパイナップルの甘煮
- さつま芋…………………1本（120g）
- パイナップル……………………80g
- 砂糖………………………大さじ1
- みりん…………………小さじ1½

Ⓓご飯（1人分）……………110g

■応用献立例の3パターン■　主食＝ご飯110g・185kcal（0.0g）

	主菜	副菜①	副菜②	果物
I 516kcal 1.7g	魚介のくずゆで 173kcal(1.3g)	オクラの納豆あえ 40 67kcal(0.4g)	プチトマトのサラダ 28 48kcal(0.0g)	オレンジ 42 43kcal(0.0g)
II 556kcal 2.0g	魚介のくずゆで 173kcal(1.3g)	もやしの塩いため 36 78kcal(0.5g)	りんごの白あえ 83 120kcal(0.2g)	
III 514kcal 1.9g	シーフードミックスサラダ 34 101kcal(1.6g)	ブロッコリーと豆腐のいため物 101kcal(0.3g)	さつま芋とパイナップルの甘煮 127kcal(0.0g)	

107

アジのたたき献立

ⒶアジのたたきⒷ里芋の煮物Ⓒひき肉入りコーンスープⒹご飯

528kcal 塩分2.0g

刺し身は割りじょうゆに少ししずつつけて食べます。香りのよい薬味をたっぷり添えます。煮物は干ししいたけのうま味を煮汁にプラス。スープにはクリームコーンの甘味がきいています。

作り方

Ⓐアジのたたき

① 万能ねぎは小口切りにする。
② アジは三枚におろして細く切ってから包丁で軽くたたき、万能ねぎと合わせる。
③ しょうゆとだしを合わせる。
④ 器に青じそを敷いて②を盛り、しょうがをのせてレモンと③の割りじょうゆを添える。
★冷蔵庫で冷やすとおいしい。

Ⓑ里芋の煮物

① 里芋は大きいものは半分に切って水で洗い、熱湯でさっとゆでて水にとり、表面のぬめりを取るように洗う。
② こんにゃくはさっとゆで、食べやすく切る。干ししいたけはもどし(もどし汁はとっておく)、石づきを除いて2つ割りにする。
③ なべに里芋、こんにゃく、しいたけ、もどし汁＋だし、酒を入れて火にかけ、弱火で煮る。
④ 里芋が柔らかくなったらみりんを加えて5分煮、しょうゆを加えてさらに煮汁が少なくなるまで強火で煮る。
⑤ 器に盛り、さやえんどうを添える。

Ⓒひき肉入りコーンスープ

① ねぎは小口切りにする。
② なべに水1カップとスープのもと、酒を煮立ててねぎをもどし、ひき肉をほぐしながら加える。
③ コーンと塩を加えてよく混ぜ、水で溶いたかたくり粉でとろみをつけて火を止める。
★コーンは製品によってとろみが強いものがあるので、その場合はかたくり粉は省いて。

■材料(2人分)■

Ⓐアジのたたき
- アジ……大2尾(140ｇ)
- 万能ねぎ……40ｇ
- おろししょうが……少量
- 青じそ……4枚
- レモンのくし形切り…2切れ
- 割りじょうゆ
  - {しょうゆ・だし…各小さじ1

Ⓑ里芋の煮物
- 里芋……4個(200ｇ)
- 干ししいたけ……4枚(20ｇ)
- 糸こんにゃく……140ｇ
- さやえんどう……60ｇ
- もどし汁＋だし……½カップ
- 酒……大さじ1⅓
- みりん・しょうゆ…各小さじ1⅓

Ⓒひき肉入りコーンスープ
- 鶏ささ身ひき肉……40ｇ
- クリームコーン缶……100ｇ
- ねぎ……⅔本(60ｇ)
- 中華スープのもと……小さじ⅔
- 酒……小さじ2／塩……少量
- ｛かたくり粉……小さじ½
- ｛水……小さじ1

Ⓓご飯(1人分) ……140ｇ

刺し身をおいしく食べる割りじょうゆ

刺し身につけるしょうゆは同量のだしや酒で割ります。

- 赤ワインじょうゆ
  しょうゆ1：赤ワイン1
- ポン酢じょうゆ
  しょうゆ1：レモンの搾り汁1
- 煮きり酒じょうゆ
  しょうゆ1：煮きり酒*1
  *一度煮立てて冷ました酒

■応用献立例の3パターン■ 主食＝ご飯140ｇ・235kcal(0.0ｇ)

	主菜	副菜	汁物	果物
Ⅰ 532kcal 2.1ｇ	アジのたたき 96kcal(0.6ｇ)	じゃが芋のいため煮 32 121kcal(0.7ｇ)	かきたま汁 38 40kcal(0.8ｇ)	キウイフルーツ 56 40kcal(0.0ｇ)
Ⅱ 525kcal 1.9ｇ	アジのたたき 96kcal(0.6ｇ)	小松菜のオイスターソースいため 34 96kcal(0.5ｇ)	さつま芋のみそ汁 18 98kcal(0.8ｇ)	
Ⅲ 571kcal 2.5ｇ	イカのしょうがじょうゆ焼き 66 115kcal(1.5ｇ)	里芋の煮物 117kcal(0.6ｇ)	野菜のスープ煮 24 68kcal(0.4ｇ)	パイナップル 34 36kcal(0.0ｇ)

109

イカのすり身揚げ献立

Ⓐイカのすり身揚げⒷしらたきとえのきのさっと煮ⒸりんごとセロリのサラダⒹご飯

571 kcal　塩分 2.4g

すり身揚げはイカのうま味が凝縮されています。揚げたてを食べます。味がついているのですだちを搾るだけでおいしいのですが、好みで酢じょうゆをちょっとつけても。サラダはりんごの酸味がきいています。りんごを塩水につけて色止めをしないので、あえる直前に切って。

作り方

Ⓐイカのすり身揚げ

❶ 玉ねぎはみじん切りにし、小麦粉をまぶす。
❷ イカは包丁でざく切りにする。
❸ イカとパン粉、卵、しょうゆ、こしょうをいっしょにフードプロセッサーまたはミキサーにかけ、なめらかにする。ボールにとり出し、①を加え混ぜる。
❹ 揚げ油を中温に熱し、③のすり身を水でぬらしたスプーンで平らになるようにすくってそっと油の中に入れる。浮き上がり、ふくらんでくるまで2〜3分揚げる。
❺ 酢としょうゆを混ぜる。
❻ ④を油をよくきって盛りつけ、すだちと⑤の酢じょうゆを添える。

Ⓑしらたきとえのきのさっと煮

❶ しらたきはさっと熱湯に通し、ざるにあげて湯をきり、ざく切りにする。
❷ えのきは石づきを除いて長さを半分にし、ほぐす。万能ねぎは小口切りにする。
❸ なべにしらたきとえのき、酒、しょうゆを入れて全体を混ぜ、中火にかけて汁けがなくなるまで煮る。
❹ 最後に万能ねぎを加えて混ぜ、火を止める。

Ⓒりんごとセロリのサラダ

❶ セロリ、ハム、りんごはそれぞれ1cm角に切る。
❷ クレソンは食べやすく切る。
❸ マヨネーズソースの材料を混ぜ合わせる。
❹ セロリ、ハム、りんごをマヨネーズソースであえ、最後にクレソンを加えてあえる。

■材料(2人分)■

Ⓐイカのすり身揚げ
- イカ ……………… 200g
- パン粉 ……………… 20g
- 卵 ……………… ½個(25g)
- しょうゆ ……………… 小さじ⅓
- こしょう ……………… 少量
- 玉ねぎ ……………… ¼個(60g)
- 小麦粉 ……………… 大さじ1⅓
- 揚げ油 ……………… 適量
- すだちのくし形切り … 2切れ
- 酢じょうゆ
  - 酢 ……………… 小さじ2
  - しょうゆ ……………… 小さじ1

Ⓑしらたきとえのきのさっと煮
- しらたき ……………… 200g
- えのきだけ … 1袋(100g)
- 万能ねぎ ……………… 40g
- 酒 ……………… 小さじ1
- しょうゆ ……………… 小さじ½

Ⓒりんごとセロリのサラダ
- りんご ……………… ⅓個(100g)
- セロリ ……………… 1本(100g)
- ボンレスハム …… 2枚(40g)
- クレソン ……………… 40g
- マヨネーズソース
  - マヨネーズ ……………… 大さじ1
  - ヨーグルト ……………… 大さじ1⅓
  - こしょう ……………… 少量

Ⓓご飯(1人分) …… 110g

■応用献立例の3パターン■　主食=ご飯110g・185kcal(0.0g)

	主菜	副菜①	副菜②	デザート
Ⅰ 527kcal 2.3g	イカのすり身揚げ　244kcal(1.4g)	きゅうりもみ　[36]　21kcal(0.3g)	ひじきとフルーツのサラダ　[49]　77kcal(0.6g)	
Ⅱ 576kcal 2.0g	イカのすり身揚げ　244kcal(1.4g)	たたききゅうり　[26]　42kcal(0.5g)		バナナヨーグルト　[26]　105kcal(0.1g)
Ⅲ 527kcal 1.5g	ワカサギのから揚げ　[50]　105kcal(0.3g)	しらたきとえのきのさっと煮　26kcal(0.2g)	りんごとセロリのサラダ　116kcal(0.8g)	いちごヨーグルトアイスクリーム　[121]　95kcal(0.2g)

A

B

C

D

III

12 Ⓐ青梗菜のカニあんかけⒷ煮やっこⒸひじき入りサラダⒹご飯

青梗菜のカニあんかけ献立

野菜もたっぷり食べられる主菜です。サラダはひじきの水けをよくきってあえ、ドレッシングがうすまらないようにします。

作り方

Ⓐ青梗菜のカニあんかけ

① 青梗菜は1株を縦に6～8つに分ける。まず根元に包丁を入れ、あとは手で縦に裂く。
② ねぎはみじん切りにする。
③ 青梗菜を好みの堅さにゆで、水を絞って器に盛る。
④ 中華なべにごま油を熱してねぎをいため、水1/4ｶｯﾌﾟ、汁けをきってほぐしたカニ、スープのもと、酒を加える。
⑤ 煮立ったら、水で溶いたかたくり粉でとろみをつけ、ほぐした卵白を加えてよく混ぜて火を通し、青梗菜にかける。

Ⓑ煮やっこ

① 豆腐は8等分する。
② 三つ葉は3cm長さに切る。
③ なべにだしとしょうゆを煮立て、豆腐を入れて弱火で4～5分煮る。
④ 三つ葉を加え、しんなりしたらすぐに三つ葉をとり出す。
⑤ ④のなべに削りガツオを加えてさっと煮、火を止める。
⑥ 器に豆腐と三つ葉を盛り、煮汁をかける。
★なべは煮汁が豆腐にかぶるように小さいものにする。落としぶたをしても煮汁がまわるようにしてもよい。

Ⓒひじき入りサラダ

① 玉ねぎは薄切りにする。赤ピーマンは種を除いて細く切る。さやえんどうはさっとゆでて斜めに細く切る。
② ドレッシングの材料を混ぜ合わせる。
③ ひじきはもどして軽くゆで、ざるにあげて手でおさえて水けをギュッと絞る。ひじきが熱いうちにドレッシングに漬け、そのまま冷ます。
④ ③に①を加えてあえる。

■材料(2人分)■

Ⓐ青梗菜のカニあんかけ
- 青梗菜 ……240g
- ねぎ ……⅔本(60g)
- カニ水煮缶 ……60g
- 卵白 ……½個分(15g)
- ごま油 ……小さじ2
- 中華スープのもと ……小さじ⅓
- 酒 ……小さじ1
- ｛ かたくり粉 ……小さじ¼
- ｛ 水 ……小さじ½

Ⓑ煮やっこ
- もめん豆腐 ……1丁(300g)
- だし1½ｶｯﾌﾟ／しょうゆ小さじ2½
- 削りガツオ ……4g
- 三つ葉 ……40g

Ⓒひじき入りサラダ
- ひじき…20g／玉ねぎ…40g
- さやえんどう ……60g
- 赤ピーマン ……30g
- ドレッシング
  - ｛ サラダ油 ……小さじ1
  - ｛ しょうゆ ……小さじ⅓
  - ｛ 酢 大さじ1⅓／砂糖 小さじ½
  - ｛ こしょう ……少量

Ⓓご飯(1人分) ……140g

塩分チェック㉓ ひじき

水につけてもどすと、かなりの水分が抜けます。たっぷりの水でもどして使いましょう。低エネルギーなので、料理に積極的に使いたい食品の一つです。

塩分3.6%
➡もどして(重量4倍)
塩分0.2%

510 kcal　塩分 2.3g

■応用献立例の3パターン■　主食＝ご飯140g・235kcal(0.0g)

	主菜	副菜①	副菜②	デザート
Ⅰ 539kcal 1.8g	青梗菜のカニあんかけ 87kcal(0.8g)	オクラの納豆あえ 40 67kcal(0.4g)	トマトサラダ 38 65kcal(0.5g)	抹茶入りミルクゼリー 120 85kcal(0.1g)
Ⅱ 567kcal 2.0g	青梗菜のカニあんかけ 87kcal(0.8g)	豆腐入りトマトスープ 30 123kcal(0.4g)	ブロッコリーのごま酢かけ 16 53kcal(0.7g)	小豆ミルクかん 121 69kcal(0.1g)
Ⅲ 578kcal 2.4g	ハマグリと青梗菜のいため蒸し 102 78kcal(0.8g)	煮やっこ 126kcal(1.0g)	ひじき入りサラダ 62kcal(0.5g)	ココアのグラニテ 121 77kcal(0.1g)

113

13 Ⓐ豆腐入り型焼きハンバーグⒷ長芋の含め煮Ⓒ三色ナムルⒹご飯

豆腐入り型焼きハンバーグ献立…583kcal 塩分2.4g

減塩のコツですが、めんどうではありますが、それぞれの野菜にあった調味料を食べましょう。ナムルはそれぞれの野菜にあった調味料であえます。焼きたてはふわふわして軽い食感。焼きたてを型に入れてオーブントースターで焼いたみそ風味のハンバーグです。

作り方

Ⓐ豆腐入り型焼きハンバーグ
① 豆腐はキッチンタオルにのせてしばらくおき、水けをしっかりきる。
② ひき肉は冷蔵庫から出し、冷たいうちによく混ぜて粘りを出す。酒と卵、かたくり粉を加え混ぜ、豆腐を手で握りつぶしながら加える。最後にパン粉小さじ1と油を加えてよく混ぜ合わせる。
③ 耐熱容器に②のハンバーグだねを入れてのばし、残りのパン粉をふり、オーブントースターで火が通るまで15分焼く。

Ⓑ長芋の含め煮
① 長芋は1.5cm厚さの半月切りにする。沸騰湯に酢を少量加え、長芋を堅めにゆで、ざるにあげて水で洗い、ぬめりを取る。
② なべに長芋とだし、調味料と酒を入れて煮立て、弱火で15分、ゆっくりと煮含め、そのままおいて味をなじませる。

Ⓒ三色ナムル
① 豆もやしはさっとゆで、ざるにあげて湯をよくきる。
② にんじんは4〜5cm長さのせん切りにし、さっとゆでてざるにあげ、湯をよくきる。または耐熱容器に入れてラップをし、電子レンジで2分加熱してもよい。
③ にらはさっとゆで、ざるにあげて冷まし、水けを絞って4cm長さに切る。
④ aの材料を混ぜ合わせ、もやしをあえる。
⑤ bの材料を混ぜ合わせ、にんじんをあえる。
⑥ cの材料を混ぜ合わせ、にらをあえる。
⑦ 器にもやし、にんじん、にらを盛り合わせ、ごまをふる。

■材料(2人分)■

Ⓐ豆腐入り型焼きハンバーグ
豆腐	1丁(300g)
牛赤身ひき肉	60g
みそ	小さじ1½
酒	小さじ2
卵	½個(25g)
かたくり粉	大さじ2
パン粉	小さじ2
サラダ油	小さじ⅔

Ⓑ長芋の含め煮
長芋	200g
だし	1カップ
酒	小さじ2
みりん	大さじ1⅓
塩	小さじ½
しょうゆ	小さじ⅔

Ⓒ三色ナムル
豆もやし		100g
a	しょうゆ	小さじ⅙
	酢	小さじ1
	サラダ油	小さじ½
	こしょう	少量
にんじん		100g
b	酢	小さじ1
	砂糖	小さじ⅔
	塩	少量
にら		60g
c	しょうゆ	小さじ1
	サラダ油	小さじ⅔
	こしょう	少量
いり白ごま		小さじ½

Ⓓご飯(1人分) 110g

■応用献立例の3パターン■ 主食=ご飯110g・185kcal(0.0g)

	主菜	副菜①	副菜②
Ⅰ 552kcal 1.5g	豆腐入り型焼きハンバーグ 228kcal(0.7g)	さつま芋のカテージチーズあえ 52 77kcal(0.1g)	セロリとにんじんのピリ辛あえ 42 62kcal(0.7g)
Ⅱ 571kcal 1.1g	豆腐入り型焼きハンバーグ 228kcal(0.7g)	さつま芋の甘煮 16 91kcal(0.0g)	オクラの納豆あえ 40 67kcal(0.4g)
Ⅲ 487kcal 2.0g	生揚げの焼き物 22 169kcal(0.9g)	長芋の含め煮 92kcal(1.1g)	トマトときゅうりのおろしあえ 44 41kcal(0.0g)

115

豆腐とホタテの鉢蒸し献立 555kcal 塩分1.7g

Ⓐ豆腐とホタテの鉢蒸しⒷ根菜の含め煮ⒸモロヘイヤのごまがらしあえⒹご飯

作り方

Ⓐ豆腐とホタテの鉢蒸し
① 竹の子は細かく刻み、ねぎはみじん切りにする。
② 豆腐はできるだけ水けをきって手でつぶし、汁けをきってほぐしたホタテ、竹の子とねぎ、卵、かたくり粉、酒を加えてなめらかに混ぜ合わせる。
③ 浅めの鉢に②を入れて平らにし、蒸気の上がった蒸器に入れ、強火で15分蒸す。器が深いものは20分くらい蒸す。
④ なべにだしとみりん、しょうゆを煮立て、水で溶いたかたくり粉でとろみをつける。
⑤ 蒸し上がった③に④のあんをかけ、からしをのせる。

鉢蒸しにはあんをかけ、かたくしで味を引きしめます。煮物はうま味のある乾物をたくさん使いました。煮干しはだしをとるだけでなく、いっしょに煮て食べます。

Ⓑ根菜の含め煮
① 煮干しは頭を除いて縦半分に割り、ひたひたのぬるま湯につける。
② 干ししいたけは水につけてもどし（もどし汁はとっておく）、石づきを除いて4つに切る。
③ 昆布は調理バサミで小さく切り、水につける。
④ にんじんは4～5mm厚さの半月切りにする。ごぼうは1cm幅の斜め切りにし、れんこんは5mm厚さの半月切りにする。それぞれ水にさらしてアクを抜き、水けをきる。
⑤ なべに④の野菜、煮干し、しいたけ、昆布、①～③のもどし汁＋水、酒を入れて火にかけ、弱火で20分煮る。
⑥ 野菜が柔らかくなり、煮汁がひたひたよりも少なくなったら、みりんとしょうゆを加えて、さらに10分煮含める。

Ⓒモロヘイヤのごまがらしあえ
① モロヘイヤはさっとゆでて水にとり、水けをよく絞って3cm長さに切る。
② あえ衣の材料を混ぜ合わせ、モロヘイヤをあえる。

■材料（2人分）■

Ⓐ豆腐とホタテの鉢蒸し
- もめん豆腐 … ⅔丁（240g）
- ホタテ貝柱水煮缶 … 60g
- ゆで竹の子 … 100g
- ねぎ … ½本（40g）
- 卵 … ½個（25g）
- かたくり粉・酒 … 各小さじ2
- だし … ½カップ
- みりん・しょうゆ 各小さじ⅔
- かたくり粉 … 小さじ⅔
- 水 … 小さじ1⅓
- 練りがらし … 少量

Ⓑ根菜の含め煮
- にんじん … 小1本（100g）
- ごぼう … 小1本（80g）
- れんこん … 80g
- 干ししいたけ … 4枚（20g）
- 煮干し … 10g
- 昆布 … 10g
- しいたけ、煮干し、昆布のもどし汁＋水 … 1½カップ
- 酒 … 大さじ1⅓
- みりん … 小さじ2
- しょうゆ … 小さじ1½

Ⓒモロヘイヤのごまがらしあえ
- モロヘイヤ … 120g
- あえ衣
  - すりごま … 小さじ2
  - 練りがらし … 少量
  - しょうゆ … 小さじ2
  - だし … 大さじ2

Ⓓご飯（1人分） … 110g

■応用献立例の3パターン■
主食＝ご飯110g・185kcal（0.0g）

	主菜	副菜①	副菜②	汁物
Ⅰ 486kcal 1.6g	豆腐とホタテの鉢蒸し 180kcal(0.5g)	ブロッコリーのごま酢かけ 16 53kcal(0.7g)		野菜のスープ煮 24 68kcal(0.4g)
Ⅱ 465kcal 1.4g	豆腐とホタテの鉢蒸し 180kcal(0.5g)	青梗菜の煮物 28 29kcal(0.4g)	にんじんとさやえんどうのいため物 14 71kcal(0.5g)	
Ⅲ 556kcal 2.2g	豆腐ステーキ 28 181kcal(1.0g)	根菜の含め煮 134kcal(1.0g)	モロヘイヤのごまがらしあえ 56kcal(0.2g)	

117

15 Ⓐ具だくさんの茶わん蒸し Ⓑタコのハーブソースかけ Ⓒセロリとわかめのいり煮 Ⓓご飯

具だくさんの茶わん蒸し献立

622 kcal　塩分 2.2g

具がたくさん入った茶碗蒸し。牛乳も入っているのでうす味でもおいしい一品です。ハーブを使った洋風の副菜を。和食のなかにハーブを組み合わせると食卓が新鮮です。

作り方

Ⓐ具だくさんの茶わん蒸し

① しめじは石づきを除いて小房に分け、酒をふる。水分が出てきたらなべに移し、弱火で汁がとぶまでいりつける。
② ささ身は耐熱皿に並べてラップをし、電子レンジで1分加熱して冷めたらほぐす。
③ エビは殻と背わたを除きさっとゆでる。
④ 三つ葉は2cm長さに切る。
⑤ 卵をときほぐし、牛乳とだしを加え、塩としょうゆを加え混ぜる（卵液の温度は50〜60度）。
⑥ 深めの鉢にささ身、しめじを入れて⑤の卵液を流し入れる。蒸気の上がった蒸し器に入れ、強火で3分、弱火で7〜10分蒸す。蒸し上がったら、三つ葉を散らす。
★塩分が少ないと固まりにくいので、具に火を通して蒸す間に汁が出ないように。
★卵液の温度を高くすると、固まるまでの時間が短く、"す"が入りにくい。

Ⓑタコのハーブソースかけ

① タコは薄い輪切りにし、うすい塩水（1％）にしばらくつけて塩分を抜く。
② じゃが芋は一口大に切って水で洗い、柔らかくなるまでゆでる。
③ トマトは一口大に切る。
④ ハーブソースの材料を混ぜ合わせる。
⑤ 器に①〜③を盛り、ハーブソースをかける。

Ⓒセロリとわかめのいり煮

① セロリは葉ごと細かく刻む。
② わかめは小さめに切る。
③ なべにセロリ、だし、しょうゆ、酒を入れて弱火にかけ、混ぜながら4〜5分煮る。セロリがしんなりするまで、わかめを加えてひと煮し、火を止める。

■材料（2人分）■

Ⓐ具だくさんの茶わん蒸し
- 卵 ………… 2個（100g）
- だし ………… 140mL
- 牛乳 ………… 160mL
- 塩・しょうゆ … 各小さじ¼
- 鶏ささ身 ………… 60g
- しめじ … 2パック（200g）
- 酒 ………… 小さじ2
- エビ ………… 50g
- 三つ葉 ………… 20g

Ⓑタコのハーブソースかけ
- タコ（刺し身用）……… 140g
- じゃが芋 … 小2個（160g）
- トマト … 大1個（200g）
- ハーブソース
  - ハーブ（チャイブ、パセリ、チャービル、バジルなど生のものを好みで）のみじん切り ……… 少量
  - レモンの搾り汁 … 大さじ2
  - 玉ねぎ ……… ¼個（60g）
  - オリーブ油 ……… 小さじ2
  - こしょう・チリパウダー ……… 各少量

Ⓒセロリとわかめのいり煮
- わかめ（もどして）……… 60g
- セロリ（葉つき）… 1本（140g）
- だし ………… 90mL
- しょうゆ ………… 小さじ⅔
- 酒 ………… 小さじ2

Ⓓご飯（1人分） ……… 110g

■応用献立例の3パターン■ 主食＝ご飯110g・185kcal（0.0g）

	主菜	副菜①	副菜②	果物
Ⅰ 609kcal 2.0g	具だくさんの茶わん蒸し 213kcal(1.2g)	焼きアスパラののり酢かけ 46 56kcal(0.2g)	かぼちゃのミルク煮 24 155kcal(0.6g)	
Ⅱ 525kcal 1.6g	具だくさんの茶わん蒸し 213kcal(1.2g)	きゅうりもみ 36 21kcal(0.3g)	ブロッコリーのガーリックソース 82 63kcal(0.1g)	オレンジ 42 43kcal(0.0g)
Ⅲ 569kcal 1.9g	小松菜と卵のグラタン 30 160kcal(0.9g)	タコのハーブソースかけ 201kcal(0.4g)	セロリとわかめのいり煮 23kcal(0.6g)	

119

ヘルシーデザート

献立の中ではとりにくい乳・乳製品。これらを使った低エネルギーのデザートです。甘さは控えめ。

① 抹茶入りミルクゼリー

85kcal
0.1g

材料（直径のゼリー型5個分）
- 粉ゼラチン……大さじ1強（10g）
- 水……大さじ6
- 抹茶……小さじ1
- 砂糖……大さじ3
- 牛乳……2カップ

作り方
1. 粉ゼラチンは水にふり入れてふやかす。
2. 抹茶は砂糖小さじ1とサラサラになるまで混ぜ合わせ、牛乳小さじ2を加えて完全に溶かす。
3. 牛乳1/2カップと残りの砂糖をなべに入れ、煮立たせないように温め、①のゼラチンを加えて冷やす。（電子レンジの場合はラップなしで30秒加熱する。）
4. さらに残りの牛乳と②の抹茶を加え、よく混ぜ合わせる。
5. 型に等分に注ぎ、冷やし固める。

② ヨーグルトゼリーのオレンジソース

オレンジの酸っぱさとはちみつの甘味。天然風味のソースです。

106kcal
0.1g

材料（2人分）
- ヨーグルト……200g
- 粉ゼラチン……小さじ2/3（2g）
- 水……大さじ2
- オレンジソース
  - オレンジ……1個（100g）
  - はちみつ……小さじ2

作り方
1. 粉ゼラチンは水にふり入れてふやかし、湯せんで溶かす。
2. ヨーグルトに①のゼラチンを加え、手早く混ぜ合わせる。
3. グラスの内側を水でぬらし、②を流し入れて冷蔵庫で冷やし固める。
4. オレンジは皮をむいて実をとり出し、半分はつぶして果汁を搾り（1/4カップ）、半分は食べやすく切る。
5. ④の果汁にはちみつを加えて混ぜ、実と合わせて③にかける。

③ いちごヨーグルトアイスクリーム

既製品のアイスクリームにひと手間かけた簡単デザート。

95kcal
0.2g

●材料 (2人分)
いちご ……………………… 60g
ヨーグルト ………………… 100g
アイスクリーム（既製品）… 60g

●作り方
① いちごはフォークで細かくつぶし、冷凍庫に入れて15分冷やす。
② ①のいちご、ヨーグルトとアイスクリームを手早く混ぜ合わせ（アイスクリームが溶けないうちに手早く。完全に混ざらなくてもよい）、冷凍庫で冷やし固める。
③ スプーンですくって器に盛る。

④ 小豆ミルクかん

ゆで小豆の缶詰を活用して、あっという間の冷たいお菓子。

69kcal
0.1g

●材料 (100mlのゼリー型6個分)
ゆで小豆 …………………… 150g
牛乳 ………………………… 120ml
粉かんてん ………… 1/2袋(2g)
ぬるま湯または水 …… 3/4カップ

●作り方
① 粉かんてんはぬるま湯にふり入れてふやかす。
② 牛乳は別のなべに入れて火にかけ、人肌に温める。
③ かんてんをなべに入れて中火で煮溶かし、さらに弱火で1～2分煮つめる。
④ ②の牛乳を加えて火から下ろし、ゆで小豆を加えてよく混ぜる。
⑤ ゼリー型に等分に流し入れ、冷蔵庫で冷やし固める。

⑤ ココアのグラニテ

「グラニテ」とはつぶつぶした、という意味です。

77kcal
0.1g

●材料 (2人分)
ココア ……………………… 小さじ2
砂糖 ………………………… 大さじ1 1/3
牛乳 ………………………… 140ml
ミント ……………………… 少量

●作り方
① ココアと砂糖をよく混ぜ合わせ、湯少量で溶きのばす。
② ①に牛乳を少しずつ加えて溶きのばす。
③ 小さめのバット、または密閉容器に入れ、冷凍庫で充分凍らせる。
④ 表面をフォークで細かく削り、器にふんわりと盛る。中央にミントの葉をあしらう。

6 かんてんと干しあんずの黒みつかけ

干しあんずをいちごやバナナなどほかの果物にかえても美味。

109kcal
0.0g

● 材料（4人分）
- 粉かんてん……1袋（4g）
- ぬるま湯または水……2½カップ
- 干しあんず……80g
- 黒みつ
  - 黒砂糖……40g
  - 水……1カップ
  - 水あめ……20g

● 作り方
1. 粉かんてんはぬるま湯にふり入れて10分ほどおき、なべに入れて中火で溶かし、弱火で1〜2分煮つめる。
2. 四角い容器に流し入れ、冷蔵庫で1時間以上冷やし、固める。
3. 黒砂糖は細かく刻み、なべに入れて水を加え、弱火で溶かし、1〜2分煮つめる。火から下ろして水あめを加えて溶かし、冷ます。
4. 干しあんずはひたひたのぬるま湯につけてふやかす。干しあんずは水けをきり、食べやすく切る。
5. ②のかんてんを型から取り出し、1cm角に切る。
6. 器に⑤を盛り、全体に③の黒みつをかける。

7 カテージチーズのムース

じょうずに作るポイントは卵白を冷やしてから泡立てることです。

78kcal
0.3g

● 材料（2人分）
- カテージチーズ（裏ごしタイプ）……40g
- レモン（国産）の皮のすりおろし……少量
- 牛乳……60㎖
- 粉ゼラチン……小さじ1（3g）
- 水……大さじ1⅓
- 卵白……1個分（30g）
- 砂糖……大さじ1⅓
- レモンのいちょう切り……2枚

● 作り方
1. ゼラチンは水に入れてふやかす。
2. ボールにカテージチーズと牛乳を入れ、泡立て器でよく混ぜる。
3. ゼラチンを湯せんにかけて溶かし、熱いうちに②に加える（電子レンジの場合はラップなしで15秒加熱する）。
4. ③のボールを氷水につけ、木べらで混ぜながらとろみをつける。
5. 卵白は大きめのボールに入れて泡立て、砂糖を加えてさらに泡立ててメレンゲを作る。
6. ⑤に④を加えてさっくりと混ぜ、器に等分に入れて冷やし固める。レモンをムースの中央に飾る。

40kcalの果物ガイド

果物には、ナトリウムを体外に排泄する働きのあるカリウムが含まれます。ビタミン類の供給源にもなります。ここではエネルギーを調節しやすい約40kcalあたりの正味重量で紹介。それぞれ量を加減してとりましょう。1日献立例（6〜8ページ）には 8 で組み入れてあります。好みの果物をどうぞ。

（その他の果物）
オレンジ1個（105g）
キウイフルーツ1個（75g）
グレープフルーツ中½個（105g）
すいか110g

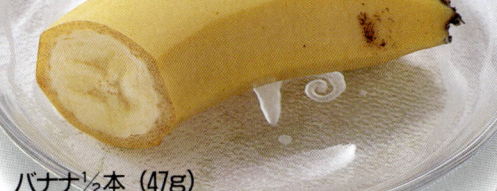

りんご¼個（75g）

バナナ½本（47g）

みかん小2個（90g）

いちご120g

パイナップル80g
パパイヤ¼個（105g）
びわ3個（100g）
ぶどう1房（70g）
マンゴー½個（65g）
メロン（95g）

料理一覧 — 栄養成分値つき

●ここに掲載した数値は科学技術庁資源調査会編「五訂日本食品標準成分表」の数値に基づき、成分表に記載のない食品は女子栄養大学出版部刊「市販加工食品成分表」などに基づき計算したものです。
●料理は大きく主菜、副菜、汁物、主食、デザートに分け、さらに料理別に主菜は肉、魚介類、豆・豆製品、卵に、副菜は野菜、芋、豆、海藻・きのこ・こんにゃく、その他に分類し、ページ順に並べてあります。(ご飯、果物、既製品等は省略)。
●栄養計算値は1人分です。煮物、つけ汁、下味等は可食量を考慮して計算したものは料理名に*印をつけました。この数値はあくまでも目安として考え、食事作りの参考にしてください。

料理名	掲載ページ	エネルギー kcal	たんぱく質 g	脂質 g	炭水化物 g	食物繊維 g	カルシウム mg	鉄 mg	ビタミンA(レチノール当量) μg	ビタミンB₁ mg	ビタミンB₂ mg	ビタミンC mg	ビタミンE mg	コレステロール mg	塩分 g
主菜●肉															
なすとひき肉のみそいため	38	186	10.8	10.6	10.9	3.1	28	1.0	38	0.44	0.15	27	2.3	27	0.7
鶏肉のホイル焼き	40	144	19.6	3.5	8.4	2.0	103	0.4	97	0.12	0.15	36	1.0	56	0.9
和風シューマイ	58	114	11.6	2.1	12.6	2.0	8	0.4	3	0.11	0.11	5	0.2	27	0.8
はんぺん入りつくね焼き	60	110	13.5	3.4	5.3	0.8	9	0.7	31	0.49	0.13	24	0.7	36	0.4
蒸し豚の甘酢しょうがらめ	62	93	13.4	2.3	3.0	0.5	14	0.6	38	0.58	0.15	2	0.3	40	0.7
牛肉とねぎのピリッと煮	64	126	13.1	2.9	13.4	3.8	28	1.8	17	0.11	0.25	9	0.5	34	1.0
ゆでレバーのみそ漬け*	66	205	21.4	3.8	18.1	3.2	58	9.9	14424	0.43	1.86	31	0.8	370	1.2
蒸し里芋の牛肉巻き	66	268	18.2	12.0	16.9	2.3	14	1.6	3	0.13	0.20	7	1.8	54	0.7
しめじ入りつくね焼き	67	178	22.4	3.8	13.9	3.1	16	1.0	59	0.21	0.29	9	0.7	107	0.5
牛もも肉のポトフ風*	86	175	12.5	5.4	20.2	6.8	107	1.4	852	0.15	0.18	56	0.7	34	1.3
和風ロールキャベツ*	88	137	21.6	1.3	9.5	3.0	97	1.3	16	0.12	0.19	64	1.1	95	1.3
薄切りゆで豚のにんにくソース	90	177	21.7	5.7	9.5	3.2	78	1.4	314	0.92	0.32	32	1.8	59	0.7
牛肉のロールソテー	92	221	19.9	12.1	7.5	3.1	16	2.1	40	0.26	0.36	11	2.1	54	1.0
豚ヒレ肉と野菜の網焼き	94	173	26.7	1.6	10.8	5.3	40	1.7	20	1.23	0.68	30	0.9	65	0.9
鶏肉と野菜のオーブン焼き	96	156	14.8	2.9	17.2	1.9	14	1.0	47	0.13	0.20	63	0.5	64	1.1
ひき肉と野菜のまとめ焼き	98	200	20.5	5.9	12.4	0.8	19	0.5	303	0.10	0.16	5	1.2	107	0.7
白菜と豚肉の重ね蒸し	100	153	19.3	5.1	7.5	2.6	91	1.3	34	0.81	0.25	39	0.6	53	1.0
蒸し豚のねぎだれ添え	101	173	25.1	4.7	7.3	2.1	97	1.9	57	1.04	0.32	17	0.6	64	0.4
主菜●魚介類															
白身魚の梅蒸し*	32	87	15.9	0.4	5.6	2.4	35	0.5	7	0.14	0.18	7	0.6	46	0.6
シーフードミックスサラダ	34	101	16.7	0.9	8.1	4.2	123	1.7	169	0.10	0.13	15	2.1	165	1.6
ツナとかぶの煮浸し*	36	89	12.3	0.7	8.2	3.1	218	2.2	382	0.10	0.18	77	2.8	21	0.5
ワカサギのから揚げ	50	105	7.2	6.9	2.6	0.0	225	0.4	53	0.01	0.07	1	1.5	105	0.3
ホタテのごまマヨネーズ焼き	52	101	11.8	3.6	5.4	1.1	43	0.5	19	0.02	0.06	12	1.4	24	0.3
エビと野菜の和風マリネ	54	79	13.1	0.3	6.6	1.6	49	0.4	1	0.08	0.09	8	0.5	91	1.1
カジキの香り焼き	56	101	11.8	4.0	2.4	0.5	16	0.5	44	0.05	0.07	4	2.1	43	1.1
イカのしょうがじょうゆ焼き*	66	115	19.7	1.4	5.3	1.6	15	0.3	6	0.09	0.13	5	2.1	270	1.5
アジの香味蒸し*	101	136	19.9	4.8	4.5	2.2	30	1.0	8	0.29	0.56	4	0.4	62	0.5
ハマグリと青梗菜のいため蒸し	102	78	3.1	4.3	5.2	1.5	167	0.9	412	0.07	0.14	29	1.8	9	0.8
サケの菜種焼き	103	137	16.7	5.1	2.9	0.0	22	0.8	45	0.11	0.24	1	0.4	140	0.6
白身魚のカレーじょうゆ焼き*	104	231	17.5	13.5	7.0	1.0	27	0.7	18	0.10	0.06	7	2.5	52	0.6
魚介のくずゆで	106	173	21.8	3.4	13.5	3.1	70	0.7	18	0.12	0.14	44	1.6	118	1.3
アジのたたき*	108	96	15.3	2.6	2.5	0.9	49	0.8	117	0.10	0.18	8	0.8	54	0.6
イカのすり身揚げ*	110	244	21.7	11.1	12.5	0.9	31	0.6	36	0.09	0.10	4	3.7	323	1.4
青梗菜のカニあんかけ	112	87	6.6	4.2	5.3	2.1	149	0.4	409	0.05	0.11	32	1.6	22	0.8
タコのハーブソースかけ	118	201	17.6	4.7	23.0	2.5	31	0.7	108	0.16	0.08	54	2.5	105	0.4

料理名	掲載ページ	エネルギー (kcal)	たんぱく質 (g)	脂質 (g)	炭水化物 (g)	食物繊維 (g)	カルシウム (mg)	鉄 (mg)	ビタミンA（レチノール当量）(μg)	ビタミンB1 (mg)	ビタミンB2 (mg)	ビタミンC (mg)	ビタミンE (mg)	コレステロール (mg)	塩分 (g)
主菜●豆・豆製品															
生揚げの焼き物	22	169	12.2	11.5	5.5	2.6	252	2.9	1	0.13	0.10	5	1.4	1	0.9
納豆のレタス包み	24	117	8.6	5.8	8.9	4.1	145	1.7	106	0.09	0.26	12	1.1	8	0.9
豆腐のくず煮*	26	83	6.9	3.2	7.5	1.7	52	1.1	31	0.15	0.13	6	0.4	0	0.9
豆腐ステーキ	28	181	12.5	11.1	6.6	2.5	203	1.9	1	0.17	0.11	6	2.1	1	1.0
豆腐入りトマトスープ	30	123	8.5	5.7	12.7	3.5	112	1.4	72	0.15	0.12	34	1.9	1	0.5
焼き豆腐の黄身みそ田楽	31	186	13.5	10.7	7.5	1.3	243	3.0	24	0.12	0.09	0	1.2	70	0.5
豆腐とウナギの重ね蒸し	103	180	15.0	11.4	4.2	0.5	190	1.3	450	0.31	0.26	0	2.2	69	0.7
煮やっこ*	112	126	12.5	6.5	3.7	1.1	190	1.4	24	0.14	0.10	2	0.7	4	0.6
豆腐入り型焼きハンバーグ	114	228	18.7	10.9	11.5	0.8	193	2.2	19	0.15	0.17	0	1.5	73	0.7
豆腐とホタテの鉢蒸し	116	180	17.6	6.8	10.8	2.6	181	1.7	20	0.13	0.18	6	1.7	72	0.5
主菜●卵															
温泉卵	14	89	6.9	5.3	2.5	0.5	39	1.0	151	0.05	0.26	0	1.0	210	0.5
卵のココット	16	115	8.6	7.4	3.1	0.9	50	1.4	79	0.06	0.26	21	1.1	214	0.6
半月卵の甘酢あんかけ	18	126	7.6	7.3	7.8	1.8	37	1.4	386	0.11	0.29	4	1.2	210	0.8
和風オムレツ	20	181	6.9	13.9	5.4	1.2	42	1.4	367	0.05	0.26	4	1.4	210	0.8
小松菜と卵のグラタン	30	160	11.1	9.6	8.9	3.2	211	3.1	473	0.16	0.50	33	1.3	221	0.9
ゆで卵とほうれん草のサラダ	31	127	10.1	8.4	2.4	1.8	69	2.3	497	0.17	0.38	24	3.0	245	0.7
茶きん卵	50	91	6.3	5.2	3.4	0.1	29	0.9	91	0.03	0.22	2	0.6	210	0.4
ひき肉と切り干し大根入り卵焼き	68	86	6.6	4.1	2.2	0.6	30	0.9	38	0.07	0.15	0	0.7	115	0.4
野菜の卵とじ	70	141	9.4	9.5	2.3	1.6	591	0.19	0.42	54	3.4	210	0.7
具だくさんの茶わん蒸し	118	213	23.9	9.4	9.9	4.0	138	1.7	124	0.27	0.58	11	1.7	283	1.2
副菜●野菜															
にんじんとさやえんどうのいため物	14	71	1.3	4.2	7.8	2.4	27	0.4	868	0.07	0.05	20	1.3	0	0.6
ブロッコリーのごま酢かけ	16	53	4.1	1.3	8.3	4.0	49	1.0	105	0.12	0.18	96	2.0	0	0.7
大根のゆかりあえ	18	15	0.3	0.1	3.4	1.0	18	0.2	0	0.02	0.01	9	0.0	0	0.3
蒸しかぼちゃ	20	73	1.5	0.2	16.5	2.8	12	0.4	528	0.06	0.07	34	4.1	0	0.1
コールスローサラダ	22	58	1.7	3.0	7.5	2.4	61	0.4	426	0.05	0.03	34	0.7	0	0.6
かぼちゃのミルク煮	24	155	5.0	4.2	24.5	2.8	128	0.4	569	0.10	0.23	35	4.2	13	0.6
たたききゅうり	26	42	2.7	0.2	8.0	1.4	240	0.9	55	0.05	0.05	14	0.5	0	0.5
青梗菜の煮物*	28	29	0.3	0.3	3.5	1.0	141	0.9	272	0.04	0.07	19	0.8	21	0.4
プチトマトのサラダ	28	48	0.9	2.1	7.8	1.1	11	0.3	128	0.06	0.04	32	1.1	0	0.6
キャベツとわかめのお浸し	32	37	3.9	0.5	6.6	3.0	136	0.9	48	0.05	0.05	42	0.1	17	0.5
小松菜のオイスターソースいため	34	96	8.1	5.3	3.0	1.5	138	2.6	417	0.36	0.17	31	1.6	20	0.5
もやしの塩いため	36	78	1.9	6.5	3.4	1.7	25	0.5	30	0.05	0.07	10	1.4	0	0.5
きゅうりもみ	36	21	1.0	0.1	4.7	1.1	26	0.3	55	0.03	0.03	14	0.3	0	0.7
トマトサラダ	38	65	0.9	4.1	6.9	1.4	19	0.3	106	0.07	0.05	19	1.8	0	0.5
オクラの納豆あえ	40	67	5.8	2.1	7.3	4.8	83	1.9	77	0.07	0.19	8	0.8	0	0.4
セロリとにんじんのピリ辛あえ	42	62	2.2	2.2	10.0	2.7	48	0.4	848	0.04	0.05	8	0.6	0	0.6
さやいんげんのおかか煮	44	27	3.4	0.2	3.9	1.7	38	0.6	69	0.06	0.11	6	0.7	4	0.4
トマトときゅうりのおろしあえ	44	41	1.1	0.2	9.2	2.1	35	0.4	62	0.05	0.02	23	0.9	0	0.3
焼きアスパラののり酢かけ	46	56	5.6	0.4	13.4	5.9	20	1.9	86	0.38	0.33	17	1.6	0	0.6
カリフラワーのピクルス*	47	145	8.5	6.8	11.4	2.3	53	2.2	178	0.11	0.44	57	0.6	235	0.9
切り干し大根と煮干しの酢いり	47	153	11.0	1.1	19.9	4.1	439	4.6	0	0.09	0.06	0	0.1	83	1.0
かぼちゃサラダ*	49	126	4.2	4.8	16.1	2.9	113	0.5	533	0.06	0.12	33	4.1	13	0.5
おかひじきのなめたけあえ	50	20	0.8	0.1	4.2	1.2	61	0.9	220	0.03	0.06	1	0.3	0	0.5
野菜のレモンピクルス	50	16	0.2	0.0	4.2	0.8	20	0.4	280	0.02	0.02	10	0.5	0	0.3
きゅうりとハムのからしあえ	52	29	3.5	0.7	2.4	0.6	26	0.3	29	0.17	0.06	13	0.2	7	0.7
うずらの卵ときゅうりの串刺し	54	58	4.1	3.9	1.0	0.3	26	1.4	122	0.05	0.24	4	0.4	141	0.1

料理名	掲載ページ	エネルギー	たんぱく質	脂質	炭水化物	食物繊維	カルシウム	鉄	ビタミンA(レチノール当量)	ビタミンB1	ビタミンB2	ビタミンC	ビタミンE	コレステロール	塩分
		kcal	g	g	g	g	mg	mg	μg	mg	mg	mg	mg	mg	g
竹の子とこんにゃくのいり煮	56	40	1.7	1.4	4.9	2.1	23	0.4	5	0.03	0.05	4	0.5	0	0.4
にんじんのクリームチーズあえ	56	50	1.0	3.3	3.8	1.0	18	0.1	587	0.02	0.04	2	0.3	10	0.1
キャベツのケチャップいため	58	56	4.7	2.2	4.5	2.0	33	0.3	11	0.02	0.11	22	0.8	12	0.4
さやえんどうのピーナッツソース	58	64	3.3	3.1	6.8	1.9	22	0.6	47	0.09	0.07	30	0.7	0	0.3
かぼちゃのいとこ煮	60	68	1.4	0.2	15.2	2.2	9	0.4	330	0.06	0.05	22	2.6	0	0.6
小松菜のチーズサラダ	60	43	2.4	3.0	2.0	1.3	158	2.0	372	0.06	0.11	28	1.0	3	0.5
ブロッコリーのチーズ焼き	64	54	4.9	2.6	3.2	2.6	106	0.6	106	0.10	0.16	72	1.6	6	0.3
にんじんのオレンジ煮	64	39	2.9	0.3	7.6	2.8	29	0.7	84	0.11	0.13	84	1.6	0	0.4
なすといんげんのさっと煮	68	29	1.0	1.3	2.8	1.1	14	0.2	17	0.03	0.03	8	0.3	0	0.3
スティックサラダ	72	76	2.0	4.4	7.8	2.3	57	0.5	599	0.05	0.08	12	1.2	9	0.5
白菜とりんごのサラダ	74	94	1.7	4.3	13.9	2.4	88	0.6	34	0.07	0.03	40	1.3	0	0.3
蒸しなす	76	35	1.4	0.1	7.8	2.3	24	0.4	22	0.07	0.1	5	0.4	1	0.7
かぶとクレソンのごまがらしあえ	80	41	1.5	1.8	5.1	1.6	70	0.7	90	0.04	0.06	12	0.4	0	0.3
れんこんのくるみみそあえ	82	126	3.1	7.1	14.7	2.4	25	0.8	0	0.10	0.03	34	0.8	0	0.2
ブロッコリーのガーリックソース	82	63	3.2	4.4	4.3	3.2	27	0.7	91	0.10	0.14	84	2.6	0	0.1
いんげんの梅おかかあえ	83	33	2.9	0.2	5.6	2.0	40	0.7	79	0.06	0.10	6	0.2	4	0.7
クレソンのサラダ	84	35	2.8	2.2	1.1	1.1	70	0.4	192	0.05	0.08	10	0.8	20	0.3
焼き油揚げとレタスのサラダ	85	95	4.2	7.2	4.3	1.4	76	1.0	82	0.08	0.05	16	1.3	0	0.4
きゅうりと春雨の酢の物*	86	91	2.7	2.1	15.2	0.5	28	0.3	17	0.01	0.01	4	0.8	11	0.4
ほうれん草とツナの酢味噌物	88	82	5.7	4.5	5.8	3.3	56	2.2	702	0.12	0.21	37	3.0	7	0.1
れんこんのきんぴら	90	96	1.4	4.1	13.0	1.6	17	0.5	0	0.08	0.02	25	1.3	0	0.4
きゅうりと貝の酢の物*	92	48	5.2	0.5	8.4	3.9	96	0.9	134	0.11	0.09	20	0.6	36	0.5
せりと油揚げの煮浸し	94	51	3.5	2.7	3.2	2.1	52	1.6	256	0.04	0.11	16	0.8	0	0.6
大根とわかめのサラダ	94	57	3.6	2.9	6.5	3.9	151	0.6	0	0.05	0.05	10	0.7	21	0.3
かぶのとろろ昆布あえ	96	40	1.4	0.2	10.2	3.8	71	0.6	455	0.07	0.06	22	0.4	0	0.7
大根おろしとサケ缶のあえ物	98	104	11.0	4.4	4.6	1.3	118	0.4	0	0.10	0.07	14	0.3	33	0.3
ピーマンとセロリのおかか煮	98	64	2.7	2.1	6.3	2.0	28	0.6	38	0.05	0.06	42	0.6	4	0.4
角切り野菜のくず煮	104	103	3.0	0.4	20.8	3.6	23	0.8	430	0.09	0.06	19	0.3	0	0.8
湯通しレタスのサラダ*	104	61	1.5	4.8	4.1	1.5	62	0.6	40	0.07	0.04	7	0.5	0	0.2
ブロッコリーと豆腐のいため物	106	101	6.5	5.5	7.8	3.5	83	1.2	80	0.13	0.15	72	2.4	0	0.4
りんごとセロリのサラダ	110	116	5.3	6.4	10.5	2.1	61	0.5	104	0.23	0.15	21	1.4	22	0.6
三色ナムル	114	78	3.1	3.8	8.8	3.4	50	0.8	877	0.09	0.11	18	2.0	0	0.6
根菜の含め煮*	116	134	7.5	0.9	28.8	10.1	192	1.9	707	0.18	0.22	23	0.8	28	1.0
モロヘイヤのごまがらしあえ	116	56	4.1	3.1	5.1	2.6	216	1.1	1020	0.13	0.26	39	4.1	0	0.2
セロリとわかめのいり煮	118	23	1.7	0.2	4.4	2.8	68	0.3	65	0.04	0.04	6	0.2	0	0.6
副菜●芋															
さつま芋の甘煮	16	91	0.7	0.1	21.9	1.4	24	0.4	2	0.07	0.02	16	0.5	0	0.1
じゃが芋のいため煮	32	121	2.4	2.2	22.5	2.1	13	0.6	420	0.11	0.06	36	0.3	0	0.7
山芋のわさび酢あえ	48	133	5.1	0.4	29.1	3.1	29	0.7	29	0.15	0.04	10	0.4	0	0.4
さつま芋のカテージチーズあえ	52	77	1.9	0.6	16.0	1.2	26	0.4	6	0.06	0.04	15	0.8	2	0.1
じゃが芋の白煮	62	65	1.4	0.2	13.7	0.9	3	0.3	1	0.07	0.03	25	0.0	0	0.5
さつま芋の茶きん	84	117	1.4	3.0	21.1	1.4	36	0.6	34	0.08	0.05	17	1.1	47	0.0
じゃが芋のケチャップ焼き	85	111	4.5	2.9	17.6	2.3	119	0.5	41	0.09	0.16	55	0.3	8	0.6
たたき山芋	88	101	3.8	0.3	22.3	2.1	13	0.8	0	0.10	0.02	4	0.2	0	0.6
衣かつぎ	90	47	1.3	0.2	10.5	1.8	11	0.6	1	0.06	0.02	6	0.4	0	0.5
さつま芋とパイナップルの甘煮	106	127	0.9	0.1	30.7	2.0	28	0.5	4	0.10	0.03	28	1.0	0	0.0
里芋の煮物	108	117	4.8	0.6	26.6	9.3	77	1.5	29	0.17	0.21	24	0.8	0	0.6
長芋の含め煮*	114	92	2.7	0.4	17.8	1.0	18	0.4	0	0.11	0.03	6	0.2	0	1.1
副菜●豆															

料理名	掲載ページ	エネルギー	たんぱく質	脂質	炭水化物	食物繊維	カルシウム	鉄	ビタミンA(レチノール当量)	ビタミンB₁	ビタミンB₂	ビタミンC	ビタミンE	コレステロール	塩分
		kcal	g	g	g	g	mg	mg	μg	mg	mg	mg	mg	mg	g
金時豆のオクラ酢かけ	46	184	5.3	1.0	38.4	5.6	57	1.8	33	0.05	0.04	3	0.5	0	0.3
枝豆のみぞれあえ	48	93	6.3	3.2	10.1	3.8	52	1.6	22	0.18	0.09	25	0.8	0	0.5
甘納豆の煮豆風	54	30	0.6	0.1	6.7	0.5	2	0.2	0	0.00	0.00	0	0.0	0	0.0
ゆでそら豆	62	54	5.5	0.1	7.8	1.3	11	1.2	20	0.15	0.10	12	0.1	0	0.0
副菜●海藻・きのこ・こんにゃく															
ひじきとフルーツのサラダ	49	77	2.5	2.3	16.8	5.5	168	5.7	83	0.13	0.16	43	1.0	0	0.6
えのきのおかかじょうゆあえ	62	12	1.7	0.1	4.0	2.0	1	0.6	0	0.12	0.09	1	0.0	0	0.3
切り昆布の酢の物*	78	27	1.3	0.2	6.9	2.0	54	0.7	32	0.01	0.02	1	0.0	0	0.5
しらたきとえのきのさっと煮	110	26	2.1	0.2	8.2	5.4	95	1.3	74	0.14	0.12	10	0.3	0	0.7
ひじき入りサラダ	112	62	2.5	2.2	11.9	5.7	156	5.9	110	0.11	0.16	46	1.3	0	0.5
副菜●その他															
りんごの白あえ	83	120	4.7	5.5	14.4	1.3	83	0.9	2	0.06	0.04	2	0.4	0	0.2
焼きミニ春巻き*	86	125	7.1	2.1	19.6	0.9	15	0.7	20	0.07	0.03	4	0.3	12	0.8
汁物															
ミルク入りみそ汁	14	103	4.6	2.7	16.2	2.3	97	0.6	26	0.11	0.14	48	0.3	6	1.0
さつま芋のみそ汁	18	98	2.2	0.7	21.4	2.8	47	0.7	3	0.09	0.06	22	1.0	1	0.8
アサリのみそ汁	20	31	2.7	0.5	4.3	1.2	36	1.4	3	0.03	0.07	4	0.2	12	1.3
とろろ昆布のすまし汁	22	9	0.6	0.1	3.0	1.5	37	0.3	23	0.02	0.03	1	0.0	0	0.7
野菜のスープ煮	24	68	1.4	2.0	12.5	3.0	39	0.4	736	0.07	0.05	11	0.6	5	0.4
かきたま汁	38	40	2.9	1.9	4.1	1.0	19	0.4	65	0.04	0.08	5	0.2	53	0.6
野菜たっぷりのみそ汁	40	61	3.2	2.3	7.7	2.5	50	0.8	439	0.06	0.06	19	0.6	0	0.8
わかめのすまし汁	44	14	1.5	0.2	1.9	1.5	33	0.2	71	0.03	0.04	4	0.0	0	0.7
塌菜のミルクスープ	78	111	6.5	5.2	11.3	2.0	201	0.8	234	0.11	0.39	18	0.9	15	1.2
豆腐と菜の花のすまし汁	80	44	4.3	2.2	1.6	0.6	72	0.6	44	0.06	0.05	11	0.2	0	0.8
卵スープ	90	30	1.6	1.3	1.6	0.4	12	0.2	19	0.02	0.06	2	0.0	53	0.2
ワンタン入りスープ	92	85	4.1	1.5	14.3	3.5	199	1.0	532	0.06	0.09	22	1.0	10	0.5
ねぎのミルクスープ	96	129	6.2	6.8	13.4	2.8	166	0.4	67	0.11	0.37	11	0.2	21	0.5
ひき肉入りコーンスープ	108	80	5.8	0.5	12.7	1.6	11	0.3	6	0.04	0.06	5	0.0	14	0.8
主食															
タイ風おかゆ	42	379	21.6	6.0	54.8	1.1	42	1.2	79	0.12	0.30	4	0.7	245	1.0
親子どん	44	415	22.8	6.7	62.0	2.5	47	1.4	92	0.17	0.37	4	0.8	246	1.2
卵巻きご飯	54	337	9.9	7.7	53.9	0.6	35	1.1	106	0.07	0.24	5	1.2	210	0.6
焼きおにぎり	62	244	3.7	0.4	53.5	0.4	5	0.2	0	0.03	0.02	0	0.0	0	0.4
梅そうめん*	68	288	18.0	1.3	45.7	2.1	30	0.7	96	0.11	0.14	15	1.0	34	1.4
大根そば*	70	200	7.5	1.1	38.4	3.4	45	1.5	0	0.13	0.06	12	0.3	0	1.8
アサリ入り和風スパゲティ*	72	314	16.9	2.3	56.5	5.3	58	4.2	5	0.40	0.49	2	0.5	24	1.7
タンタンめん	74	414	19.0	12.8	50.3	4.9	270	2.0	426	0.42	0.17	6	2.5	42	1.8
焼きうどん	76	368	21.4	9.6	47.6	4.7	98	1.3	438	0.12	0.17	48	3.7	187	1.8
和風チャーハン	78	336	9.4	11.8	46.3	2.5	126	1.5	213	0.18	0.20	19	2.7	126	0.8
三色どんぶり	80	353	17.2	3.8	58.1	0.7	26	0.9	56	0.11	0.20	7	0.5	153	1.3
デザート															
バナナヨーグルト	26	105	4.2	3.1	16.2	0.6	123	0.2	38	0.07	0.16	9	0.4	12	0.1
抹茶入りミルクゼリー	120	85	4.7	3.4	9.6	0.2	94	0.1	35	0.03	0.14	1	0.0	10	0.1
ヨーグルトゼリーのオレンジソース	120	106	5.0	3.1	15.4	0.4	131	0.3	44	0.09	0.16	21	0.1	12	0.1
いちごヨーグルトアイスクリーム	121	95	3.3	3.9	12.1	0.4	107	0.1	36	0.05	0.14	20	0.3	22	0.2
小豆ミルクかん	121	69	1.8	0.9	13.3	1.2	26	0.3	3	0.01	0.04	0	0.0	3	0.1
ココアのグラニテ	121	77	2.8	3.2	10.3	0.5	84	0.3	29	0.03	0.11	0	0.1	9	0.1
かんてんと干しあんずの黒みつかけ	122	109	2.0	0.1	27.4	2.5	38	1.0	166	0.02	0.02	0	0.6	0	0.1
カテージチーズのムース	122	78	6.6	2.1	8.3	0.1	48	0.0	20	0.01	0.14	2	0.0	8	0.3

バランス献立シリーズ ……………………5

改訂新版 塩分1日6gの和風献立

献立・料理	小川聖子
栄養計算	小池澄子　長井志乃
撮影	多賀谷敏雄
スタイリング	槻谷順子
表紙デザイン	後藤晴彦
レイアウト	佐藤　順（オフィスHAL） 峯岸昌代（オフィスHAL）
校正	編集工房クレヨン 共同制作社

発行─1996年8月　初版第1刷発行
　　　2002年3月　初版第7刷発行
　　　2003年6月10日　改訂新版第1刷発行
　　　2010年11月10日　改訂新版第10刷発行

発行者─香川達雄
発行所─女子栄養大学出版部
　　　〒170-8481　東京都豊島区駒込3-24-3
　　　電話　03-3918-5411（営業）
　　　　　　03-3918-5301（編集）
　　　ホームページ　http://www.eiyo21.com
　　　振替　00160-3-84647

印刷所─大日本印刷株式会社
乱丁本・落丁本はお取り替えいたします。
本書の内容の無断転載・複写を禁じます。

ISBN978-4-7895-3515-1

ⒸKagawa Education Institute of Nutrition 1996, 2003, Printed in Japan